서울에서 청년하다

Doing Youth in Seoul

이 책은 2018년 대한민국 교육부와 한국연구재단의 지원을 받아 수행한 연구입니다. (과제번호: NRF-2018S1A3A2075237)

서강대학교 SSK(Social Science Korea) 지역재생연구팀은 2018년 9월부터 교육부(한국연구재단)의 지원으로 한국과 일본의 지역가치 창업과 지역재생을 연구하고 있습니다.

서울에서 청년하다

Doing Youth in Seoul

류석진
조희정
기현주

더가능연구소
THE POSSIBILITY LAB

목 차

서울 청년이
궁금하다

지방자치 30년이 되었지만 여전히 서울은 대한민국 최고 선망의 도시이다. 많은 사람들이 좋은 대학과 좋은 직장은 모두 서울에 있으며, 좋은 기회 역시 서울에 있다고 믿고 있다. 화려한 메가시티에서 폼 나게 살 수 있다고 믿는 것이다. 전국의 청년들 역시 그런 기대감으로 서울로 서울로 향한다.

서울의 청년정책 역시 서울 외 지자체들에는 선망의 대상이다. 서울의 청년정책을 일종의 이상적 모델처럼 평가하기도 한다. 그러다 보니 때로는 서울이 만든 조례·정책·사업·조직을 성급히 그대로 모방하는 경우도 많다. 서울에서 새로운 정책을 발표하면, 지자체의 유사한 발표가 속속 뒤따라 이어진다는 것을 뉴스 검색만 해보아도 쉽게 알 수 있다. "어머, 이건 사야 해"라는 심정으로 "어머, 얼른 우리 지역에서도 시도해보자"라며 정책 카피를 하는 것 같다.

그러나 서울이 전국의 지자체가 바라는 이상향이라 할지라도 서울 외 지역의 상황은 저마다 다를 것이기 때문에 단순한 모방은 위험하다. 그리고 피상적으로 보이는 서울의 모습과는 다르게, 그 이면에서는 조례·정책·사업·조직이 형성되는 복잡한 속사정이 있을 테니 그 공과를 좀 더 정확히 파악한 후에 참조할 것은 참조하고 지양해야 할 것은 지양하는 것이 타당할 것이다.

즉 지역마다 갖고 있는 다양성을 자각하고, 지역의 특수성에 자신감을 갖고, 지역 내부의 속사정을 구체적으로 알려고 하지 않는다면, 주민들에게 와닿는 조례·정책·사업·조직을 만들기 어렵거니와 청년의 지역 유출 또한 더하면 더했지 덜해지진 않을 것이다.

이 책은 청년 당사자의 눈으로 본 서울의 청년정책 10년을 중간지원조직, 참여기구, 법제도 차원에서 정리하였다. 청년 당사자의 시각에서 정리한다는 것은 단순히 공식적인 차원에서 조직·기구·법제도의 역사만 다루는 것이 아니라는 의미이다.

그 역사의 이면에 숨은 청년의 좌절과 분노, 기대와 절망, 참여와 협업과 같은 다양한 시도들, 더 나아가서는 행정조직과의 상호작용을 파악하고자 하는 것이다. 즉 공식적인 역사에서는 드러나지 않는 청년들의 역동적인 활동 과정의 이면을 파악하고자 하는 것이다.

이렇게 청년 당사자의 시각으로 파악해야만 하향식으로 주어지는 청년정책이 아닌 상향식 정책의 역동성과 역사를 살펴볼 수 있으며, 서울보다 비교적 뒤늦게 추진되기 시작한 로컬에서의 청년정책에 대한 시사점을 찾을 수도 있을 것이다. 이 책과 같은 시기에 발간한 『로컬에서 청년하다』는 바로 위와 같은 취지에서 서울의 경험에 비추어본 로컬의 사례를 정리하고자 한 것이다.

서울의 청년정책은 시기별로 명칭은 다르지만 2012년 청년명예부시장을 시작으로 2021년의 미래청년기획단에 이르기까지 최근 10년간 본격화되었다. 정확하게 2012년부터 2014년까지는 청년정책이 등장하기 전인 형성기이고, 2015년을 기점으로 청년기본조례 제정과 청년기본계획 수립이 이루어져 각종 조직의 정비와 설치가 이루어졌으며, 2021년에는 조직 개편에 의해 모든 청년정책이 미래청년기획단이라는 부서로 수렴되었다.

지난 10년간 중간지원조직, 참여기구, 법제도의 세 축이 역동적으로 변화하면서 서울의 청년정책과 사업을 구성해왔다(〈표 1〉 참조).

청년정책 형성기(2012~2014년)에는 중간지원조직을 중심으로 청년 커뮤니티 형성, 공간 운영, 청년활동지원 등을 진행하면서 청년들이 모였고, 이때의 역동으로 청년참여기구가 활성화되었다.

청년정책 제도화기(2015~2018년)는 청년참여기구를 통해 청년의 의견을 모아 수렴하고, 발표하고, 토론하여 조례와 사업을 만들고, 새로운 정책적 요구를 수용하기 위해 새로운 지원조직을 만드는

〈표 1〉 서울시 청년정책 전담, 참여, 지원기관의 변화 과정

구분	청년정책 형성기 (2012~2014년)			청년정책 제도화기 (2015~2018년)				청년정책 발전기 (2019년 이후)	
	2012년	2013년	2014년	2015년	2016년	2017년	2018년	2019년	2020년
담당 부서	청년일자리팀(1팀)			혁신기획관 청년정책담당관(1과 3팀)				시장 직속 청년청 (1과 7팀)	
참여 기구		청정넷 1기	청정넷 2기		청정넷 3기	청정넷 4기	청정넷 5기	청년시민회의	
				청년의회					
	청년명예부시장					청년명예시장			
지원 기관		청년허브(2013)							
				무중력지대(2015)					
					청년활동지원센터(2016)				
									서울청년센터 오랑 (2020)
법제도	청년일자리허브 센터 민간위탁 동의안(2012) * 청년허브 설치 청년일자리 기본조례 제정(2013) 청년종합활동공간 시설관리 및 운영사무 민간위탁 동의안(2014) * 무중력지대 설치 청년기본조례 제정(2014) * 전국 최초 '2020 서울형 청년보장' 청년정책 기본계획 발표(2015) 청년활동지원사업 민간위탁 동의안(2016) * 서울시 청년수당 사업, 청년활동지원센터 설치 역세권 청년주택 공급지원에 관한 조례 제정(2016) 청년주거기본조례 제정(2018) 청년기본법 제정(2020) * 국회 청년월세지원 상담센터 운영 민간위탁 동의안(2020) * 청년월세지원사업 청년참여 활성화 지원 조례 제정(2020) * 청년자율예산제 운영 근거 마련								

*출처: 보건사회연구원. 2020. 「서울시 청년정책 추진체계 개선방안 연구」. 서울특별시. 25쪽을 재구성

방식으로 진행됐다.

　청년정책 발전기(2019년 이후)에는 법과 제도적 기반을 다진 청년정책이 보다 체계화하고, 더 많은 청년들이 참여할 수 있는 방향으로 발전하고 있다.

　요약하자면 청년정책은 세 시기의 전환기를 거치면서, 중간지원조직이 청년 커뮤니티 형성, 청년 교육, 공간 운영, 정책 상담, 청년 활동지원 등을 진행하며 모은 청년의 의견을 참여기구를 통해 수렴하고 발표하고 토론하여 조례와 사업을 만드는 방식으로 진행된 것이다. 즉 일부 전문가와 행정가가 정책을 만들어 일방적으로 공급하는 것이 아니라 우선 청년 개인에서부터 제도 사이에 다양한 투입 통로를 마련하여 밑에서부터 위로 향하는 상향식 제안 구조를 만들었다.

　물론 이런 통로는 고속도로처럼 속 시원하게 뚫려 있지 않다. 아직 서울의 25개 자치구 모두에 청년 대상의 중간지원조직, 참여기구, 조례가 완벽하게 설치되어 있는 것도 아니고 신설 조직의 경우에는 운영 기간이 채 1년 정도밖에 안 되는 곳들도 있으며, 10년의 기간 동안 그 통로 안에서 무수한 일들이 발생해왔다는 사실도 고려할 필요가 있다.

　인구 천만의 서울시가 모든 청년정책을 감당하기 어려우므로 그 안의 자치구 단위에서 좀 더 역동적인 현장의 백업이 주체적으로 이루어져야 하는데 그렇지 못한 것이 현실이기도 하다. 어떻게 보면 중앙정부와 지자체 혹은 광역지자체와 기초지자체의 지배와 의존관계처럼 서울시와 자치구의 관계도 대등한 수평적 공존이 아닌 의존적 방식으로 이루어져 있는 면이 있다.

각 지역의 청년정책이 다양하게 수립되어 중앙으로 올라오는 구조라기보다는 먼저 선언적으로 청년정책이 수립되어 지역에 도달하게 되는 하향식 구조를 쉽게 볼 수 있다. 30년 동안 실시하고 있는 지방자치제도가 무색해지는 지점이다.

선언적 정책이 지역으로 도달하는 하향식과 지역의 정책이 중앙으로 도달하는 상향식은 각각 차이가 있다. 선언적 정책은 일종의 모범으로서 지역이 나아가야 할 방향을 수립하는 데 참고가 될 수 있다. 그러나 그러한 정책이 반드시 지역 현실을 구체적으로 파악한 토대 위에 수립되는 것은 아니기 때문에 결국 상향식 정책 수립이 더 효과적이다.

한편 지역의 정책이 중앙에 도달하기 위해서는 좀 더 다양한 시각을 갖춰야 한다. 지역마다 처한 구체적 현실이 다르기 때문에 어느 지역에서는 주거 문제, 어느 지역에서는 수당 문제, 어느 지역에서는 청년을 위한 변변한 공간 확보가 절실한 문제, 어느 지역에서는 기관 설립 문제가 중요한 이슈일 수 있으므로 이를 반영하여 중앙정부의 청년정책을 종합적으로 수립해야 한다.

그럼에도 서울 외 지역의 청년활동가들은 '통로'라도 마련되어 있는 서울의 성과를 막연히 부러워하고 지역에도 그런 통로가 있으면 좋겠다는 말을 많이 하고 있다.* 서울의 진행 방식을 모든 지역에서 지켜보며 따라 하려고 하는 것이다.

이 책이 던지는 메시지는 세 가지이다. 첫째, 청년 당사자의 요구를 효과적으로 수렴하는 중간지원조직이 필요하다. 둘째, 당사자 자신을 대표할 수 있는 참여기구가 역동적으로 작동해야 한다. 셋째, 지역마다 청년 관련 조례와 사업이 만들어져야 하고 그 단위는 작을수록(혹은 구체적일수록) 좋다.

이 책은 정책사를 딱딱하게 제도적으로 정리한 것이 아니다. 청년정책 시작부터 틀을 갖추기까지의 10년 동안 서울에서 진행된 일들을 경험하며 청년들이 느낀 날것의 감상과 이야기를 정리하여 서울 및 다른 지역의 청년들도 단순한 정책 모방이 아닌 실용적 검토를 할 필요가 있다는 것을 강조하고자 하였다.

언젠가부터 정책을 만들기 위해서는 전문가만 할 수 있는 거버넌스가 형식적으로라도 있어야 하고, 법제도 역시 고도의 전문성을 갖춘 소위 '전문가'들만이 만들 수 있고, 그 안에서 일어나는 일은 파악하기 어렵고, 그래서 결국 당사자들은 주변인이 되어버리는 것이 당연한 것처럼 여겨지고 있다.

형식적 민주주의는 그나마 갖추고 있지만 실질적 민주주의가 작동하지 못하고 있기 때문에 참여나 민주주의라는 말의 역동적이

---

*서울 외 지역의 청년정책 형성 과정에 대해서는 류석진·조희정·정현미. 2021. 『로컬에서 청년하다』. ㈜더가능연구소. 참조.

고 긍정적인 의미가 점점 퇴색되고 있는 것이 민주화 35년인 대한민국의 현실이다.

현실에서는 자신의 삶과 자신이 경험하는 생활환경 곳곳에서 문제와 고민을 안고 있는 청년들이 급격히 늘어나고 있고, 그런 청년들이 서울에 밀집되어 있으며, 과거의 이념 중심의 조합이나 단체가 아닌 당사자 단체를 만들고자 하는 청년의 목소리가 형성되고 있다.

비록 이들이 전문가는 아니지만 발로 뛰며 현장의 요구를 수렴하고, 시의원을 만나 조례 문구를 함께 만들고, 공간에 모여 커뮤니티를 형성하고, 주거·수당·마음건강·안전·환경보호 등의 이슈를 형성하기 시작했다는 것은 새로운 시대의 가치가 만들어지는 징후라고 할 수 있다.

즉 청년이 과거의 방식처럼 교육과 복지 등 시혜의 대상이 아니라 실천하는 주체이자 당사자라는 의미가 확산되고 있으며, 아무리 좋은 정책이어도 당사자가 그 과정에 적극적으로 참여하지 않으면 효능감을 느끼기 어렵다는 것을 자각하기 시작한 청년들이 많아지고 있는 중이다.

이 책을 쓴 우리는 사회과학 연구자와 중간지원조직 실무를 담당했던 활동가들이다. 우리는 서울이든 서울 외 지역이든 우리 사회의 청년 현실이 개선되기를 바라는 마음으로 이 책을 썼다. 정밀한 제도 설명 자료는 지자체나 기관 홈페이지에 백서나 보도자료로 넘

치도록 많다.

　우리는 그런 객관적인 자료와는 다른 시각에서 현장의 숨결을 느낄 수 있는 사람 중심의 정책사를 구성하고자 했다. 제도적으로 좋은 법과 조례, 경제적 안정, 사회적으로 다양한 공동체 형성 등 삶의 질을 높이기 위해서는 우선 현장의 현실을 투명하게 파악할 필요가 있다고 생각했기 때문이다.

　결과적으로 현장 당사자들의 작은 이야기(small story)가 역사를 만드는 의미를 강조하고자 하였다.* 그래서 (기억의 왜곡 혹은 이야기하는 사람마다 각자의 입장에서 자의적 해석 가능성이 있지만) 현장에 가장 가까이 있던 당사자들의 이야기를 통해 현실을 파악하고자 하였다. 즉, 인터뷰이는 이야기를 하였고 우리는 그 이야기를 잘 정리하여 해석하고자 하였다.

　책 제목의 '청년하다'는 포괄적인 내용을 포함한 표현이다. 즉 청년은 누구이고, 무엇을 생각하며, 무엇을 하고 싶어하고, 무엇에 좌절하고 힘들어하는지 그리고 청년이 모여 할 수 있는 활동의 범위는 어디까지이고, 사회는 이를 위해 어떤 환경과 제도를 제공해야 하는지에 대한 고민을 함축한 표현이다. 시대마다 바라는 '청년다움'은 용기와 도전이었을지 모르지만 이제는 청년다움이 존재하기 전

---

* '작은 것의 정치'는 대체로 기존 제도 안에서 시작되고, 그 기획이 실현되는 것도 제도 안에서이다(Jeffrey Goldfarb. 2006. *The Politics of Small Things: The Power of the Powerless in Dark Times.* University Of Chicago Press. 이충훈 역. 2011. 『작은 것의 정치』. 서울: 후마니타스. p. 97).

에 '청년하기'도 힘든 것이 현실이라는 비판적인 문제의식을 반영한 표현이기도 하다.

그래서 이 책에서는 청년하다를 지원하기 위한 '중간지원조직', 청년하다의 참여가 이루어지는 '참여기구' 그리고 청년하다가 가능해지는 '제도' 등 세 개의 키워드를 중심으로 현장의 이야기를 듣고 해설하여 더 나은 청년의 미래를 위한 제도 개선의 밑자료를 제공하고자 하였다.

제1부

서울,
청년중간지원조직의
형성

2010년 초부터 우리 사회에 중간지원조직이라는 새로운 조직 형태가 소개되었다. 정부조직과 민간기업 그리고 시민단체가 아닌 새로운 형태로서의 중간지원조직은 공공기관이나 민간단체가 정부로부터 위탁받아 운영하며 구체적인 명칭으로는 '○○'센터라고 하는 곳들이 대표적인 중간지원조직이다.

서울시에는 청년전문 중간지원조직이 있다. 개방적이고 포괄적인 청년활동을 지원하는 청년허브, 청년이 모이는 사랑방과 같은 거점으로 기능하는 무중력지대, 청년에게 진로탐색 및 마음건강 등의 보편적 서비스를 제공하는 청년활동지원센터가 대표적이며, 최근에는 청년에게 공공정책과 서비스를 연결해주는 자치구 서울청년센터도 생겨났다.

이 조직들은 주로 2013년부터 2016년 사이에 설치되었는데 지금은 각 지자체마다 이 조직들을 모티브로 청년센터, 청년허브 등 다양한 명칭의 청년전문 중간지원조직들이 설치되고 있다. 그렇다면 최초의 청년전문 중간지원조직으로서의 각 기관들은 어떤 기능을 담당하고 있으며, 누가 운영하고 있으며, (무엇보다) 왜 설치되었는가에 대해 살펴볼 필요가 있다. 그리고 이러한 청년전문 중간지원조직들이 앞으로 더 의미 있는 지속가능성을 확보하기 위해 풀어야 할 과제는 무엇인지도 알아볼 필요가 있다.

청년허브(2013년),
일자리+삶의 질

청년허브(https://youthhub.kr)

2013년, 전국 최초로 지자체가 설립한 청년지원기관이다. 초기에는 '청년일자리허브'라는 명칭으로 새로운 청년 일자리 모델을 제시하고 운영하는 것을 목적으로 하였으나 일자리 외에도 다양한 청년 문제가 있다는 비판이 확산되면서 「서울시청년기본조례」(2015년)를 통해 기관명을 '청년일자리허브'에서 '일자리'를 삭제한 '청년허브'로 변경하였다.

청년 3인 이상만 모이면 모임비 지원(청년참), 청년단체나 프로젝트 지원(청년활), 청년단체나 청년기업에 공간(미닫이 사무실) 지원사업 등을 진행하였으며, 청년과 사회문제에 대한 연구(작은연구공모), 사회혁신 분야의 청년일자리 모델 사업(사회혁신청년활동가) 등 실험적으로 청년 분야 정책을 발굴하고, 거버넌스를 통해 제도화하는 활동을 하고 있다.

민간단체(2013~2020년까지 학교법인 연세대학교, 2021년부터 사단법인 씨즈)가 운영한다.

청년단체의 등장이 먼저다

청년전문 중간지원조직이 설치되기 이전에 알아야 할 사실이 하나 있다. 2011년을 전후로 청년 당사자 단체들이 많이 만들어졌다는 것이다. 이 시기는 2008년 글로벌 경제위기 이후 국내 경제사정이 악화일로를 걷고 있을 무렵이었다. '이 상태로는 위험하다'라는 의식이 청년들에게 직격탄으로 파고든 시점이기도 하다. 뭐라도 해야만 하는 상황이 된 것이다.

이 단체들이 만들어지기 전에는 당사자 단체라는 표현은 주로 장애인 관련 부문에서 많이 사용되었다. 장애인의 사정은 누구보다 장애인이 잘 아니까 당사자들이 정책 개선과 복지 내용을 구체적으로 요구할 수 있다는 의미이다.

청년 분야에서도 그러한 문제의식이 있었다. 청년들이 겪고 있는 삶의 문제는 기성세대가 청년기에 겪었던 문제와는 질감이 전혀 달랐다. 설명을 해도 직감으로 이해받기 어려웠기에 청년 당사자들이 직접 나서기 시작한 것이다.

여기에는 청년 주체성이라는 의미에 대한 강조와 기존 시민단체와 청년 당사자 단체의 운영 방식을 구분하고자 하는 의미도 포함되어 있다. 청년 당사자가 만든 조직이기 때문에 과거의 시민단체와는 다른 새로운 운영 방식을 택했다.

"청년운동을 하는 입장에서는 과거 80년대 대학을 경험했던 사람들이 시민단체를 후원하는 식의 자원 확보 방식을 지금 청년세대가 유지하기는 어렵다고 판단했다. 다른 식의 자원 확보 전략이 필요했다. 한편으로는 자원 확보에 어려움을 겪고 있던 기존 시민사회에 새로운 활로가 필요하다는 인식도 있었다. 그래서 그 자원을 공공이든 시장에서든 확보하고자 하였다."

"당사자가 주인공인 단체를 만든다. 일부 잘 아는 사람들이 추동하는 방식이 아니라 사람들이 찾아와서 생활하는 이야기를 하면 거기에 거부감을 느끼지 않고 '거기서부터 시작합시다'라고 말한다. '그건 정책적으로 잘 몰라서 하는 이야긴데'라고 말하지 않는다. 그랬다면 사람들이 찾아오지 않았을 거다. 이렇게 해야 더 많은 사람들에게 설득력을 갖게 될 것이다."

"2010년대 초반에는 윗세대와 아랫세대 차이처럼 신생 청년 조직과 기존의 시민사회조직과는 조직문화 면에서 차이가 컸다. 일례로 기존 시민단체가 부동산과 투기에 집중했다면 민달팽이유니온에서는 1인 주거 문제, 주거의 안전보장 문제에 집중했다.

기존 노동조합이 임금교섭, 단체협상 등의 문제에 집중했다면 청년유니온* 같은 경우는 단체 행동을 할 수 없었기 때문에 개인의 권리 구제, 상담에 집중했다는 차이가 나타났다. 개인이 권리 구제의 효능감을 경험해야 단체 활동을 할 수 있다고 생각한 것이다.

이렇게 청년 당사자 중심성이 높은 조직과 청년이 그저 조직 구성원의 일부인 기존 조직의 간극이 커서 서로 이해하고 배워 가는 단계였던 것 같다."

그렇다고 청년 당사자 단체가 무조건 과거의 시민단체와 다르고 무조건 올바르다고 단번에 선을 긋는 것은 아니다. 또한 언제나 청년만 새롭다고 우기는 것도 아니다. 다만 청년층의 가치와 요구를 수렴하기 위해서는 과거의 자원봉사·헌신·모금·기부 등의 방식이 아닌 새로운 응대 방식, 개인이 경험하게 될 효능감을 구체적으로 제시하는 것, 평등한 눈높이에서의 소통 등이 훨씬 더 중요해졌는데 기존 단체에서는 그 해결 방식을 찾기 어려웠기 때문에 결국 당사자 단체를 만들 수밖에 없었다는 의미이다.

"기존 시민단체는 보통 정부와 일을 같이하는 것보다는 정부를 견제하고 모니터링하고 감시하는 역할을 많이 했던 것 같은데 청년시민단체들은 거버넌스를 바로 하게 되는 것 같은 느낌이 있었다. …

＊2010년에 창립한 청년유니온은 최초의 세대별 노동조합으로서 청년들의 노동권 향상을 위한 활동을 진행한다. 만 15~39세의 청년은 고용형태(구직자, 실업자, 비정규직, 정규직)에 관계없이 누구나 가입할 수 있다(http://youthunion.kr).

굵직한 국가의 자원 분배를 얻기 위해 다른 협력 체계가 필요했던 것 같다. 시민사회 내에서의 연대뿐만 아니라 정부를 추동하기 위해서 시범사업을 같이 만든다는 등 어느 정도 말이 통하는 지자체와 연대하는 부분도 있었다."

일자리 프레임에서 벗어나기

2012년만 해도 서울시 행정에 '청년정책'은 존재하지 않았다. 군이 꼽자면 청년창업지원 정도인데 이외에는 청년정책이라고 부를 만한 것이 없었다. 이 시기에 서울시는 청년 당사자들에게 필요한 정책을 묻기 위해 청년단체를 찾았고, 청년명예부시장을 통해 청년들의 다양한 목소리를 듣고자 하였다. 그 결과 청년정책에 미취업 청년 지원, 청년지원기관 신설 등과 같은 청년들의 구체적인 제안이 반영되어 「희망서울 시정운영계획」(2012년)에 청년의 자기실현을 위한 미래혁신직업 발굴·육성 등이 과제로 포함되었다.*

이후 서울시 행정 내에 청년정책 전담 부서로 청년일자리팀(경제진흥실 일자리정책과 산하)을 신설하고, 청책(聽策)** 간담회에서 제

---

*2012년에 발표된 「희망서울 시정운영계획(2012~2014)」의 일자리 경제 분야에 '창조인력 양성 및 청년의 자기실현 보장' 시책이 포함되었다. 그리고 그 안의 세부 사업으로는 ① 창조전문인력 양성, ② 청년의 꿈이 실현되는 창업 기반 구축, ③ 청년의 자기실현을 위한 미래혁신직업 발굴·육성, ④ 청년인턴을 통한 청년 일자리 안전성 강화, ⑤ 공공부문 청년의무 고용제 도입 등 5개 사업이 발표되었다. 결국 2012년 서울시의 청년정책은 모두 일자리와 고용 중심이었다는 것을 확인할 수 있는 부분이다.
(https://news.seoul.go.kr/gov/archives/20913)

안받은 정책 아이디어를 반영하여 미래혁신일자리 발굴, 청년 고용 교육과 훈련, 그리고 청년일자리허브 설치 등을 시행하였다.

그러나 청년일자리팀은 경제진흥실 산하에 있었기 때문에 주로 일자리 분야에 초점이 맞춰졌다. 거시적인 정책 패러다임은 여전히 일자리 중심의 고용효과를 산출하는 데 집중했지만 청년이 직면하는 생활문제는 일자리와 고용 부문뿐만 아니라 매우 다양하고 구체적으로 나타났다.

> "당시에 청년과 (청년이 뉴딜일자리로 일할) 사업장 사이의 청년허브는 중간지원조직으로서 매니징 그룹이 되어야 한다는 미션에 집중했다. 기존 공공일자리사업에는 직무 훈련이 없고 일 경험 축적도 부족하다는 한계가 있기 때문에 청년들이 일 경험과 일 경력을 쌓아갈 수 있도록 전문적으로 지원해야 한다는 문제의식이 강했다."

2013년 청년 소통, 네트워크 거점, 청년 일자리 창출 지원 등을 목적으로 청년일자리허브(이하 '청년허브')를 개관하였다. 청년허브는 청년참(소규모 커뮤니티 지원), 청년활(프로젝트 단위 지원), 미닫이 사무실(입주 공간 지원), 청년혁신활동가 양성(공공분야 청년일자리) 사업 등을 추진하면서 청년활동가 발굴과 네트워크, 청년활동조직

** '듣는 정책'이라는 의미로 서울시에서 만든 용어이다.

인큐베이팅 등 다채로운 청년활동 생태계를 구성하는 등의 다양한 역할을 수행해왔다(청년허브의 위 사업들은 현재 청년팝, 청년업 등으로 명칭이 변경되어 시행되고 있다). 같은 해 서울시의회는 「청년고용촉진 특별법」에 따라 청년일자리 기본조례를 제정하였으며, 이 조례에 청년허브의 설치 근거 조항을 포함하였다.

　"이전까지는 공공일자리사업에서 사업장이 청년을 받아주면 그 자체만으로도 고맙다고 하며 지원비나 교육훈련을 지원하는 정도에만 머물러 있었다. 그런데 청년허브가 생기면서 사업장의 교육훈련 의무를 강조했다.

　'한 아이를 키우는 데 온 마을이 필요하다'는 마음으로 청년들이 제대로 일 경험을 쌓을 수 있도록 지원하는 것에 집중했다. 단순 일자리 창출 사업이 아니라 청년이라는 대상을 확실히 규정하면서 매니징과 직무훈련을 강조하는 데 집중한 것이다."

　이렇게 설치된 청년허브는 '사람'과 '청년의 자유'에 집중했다. 일자리 교육 및 정보 제공 외에도 상당 부분은 청년문화 형성을 위한 적극적인 지원을 수행한 것이다. 청년을 위한 사업이 있고, 청년을 위한 공간이 있고, 청년의 목소리를 들을 준비가 된 사람이 있고, 또래문화가 형성될 수 있다는 점에서 많은 지자체들이 청년허브의 탄생을 부러운 시선으로 지켜보기도 했다.

"청년허브에서 가장 중점을 두었던 것은 '사람'이라는 주체이다."

"지금까지의 청년정책에서 가장 인상적인 순간은 청년허브가 만들어졌을 때이다. 뭔가 기댈 수 있는 언덕이 생긴 느낌이었다."

다른 여러 가지 활동 성과나 조직 구성을 소개하며 청년허브를 묘사할 수도 있지만 인터뷰이의 표현처럼 '기댈 수 있는 언덕이 생긴 느낌'이라는 것은 우리 사회의 청년들이 느끼고 있는 현실감의 특징과 그걸 포용하려는 청년허브의 정체성을 상징적으로 묘사한 표현일 것이다. 즉 커뮤니티 형성과 참여를 통해 고립감을 해소할 수 있는 기회를 청년허브가 제공한 것이다.

"청년허브를 직장으로 선택했을 때 가장 크게 느낀 매력은 청정넷과 청년참이었다. 청정비빔밥*을 보면서도 이런 일이 가능하다는 게 놀라웠다."

"다른 지역의 단체장(시장)이 사전에 아무런 통보 없이 와서

---

*서울시가 2013년에 시작한 '청정비빔밥'은 청년들이 직접 문제를 제기하고 그것을 해결하기 위한 정책을 만드는 거버넌스 초창기 사업이다. 함께 어울려 나눠 먹는 '비빔밥'처럼, 서로 다른 청년들이 모여 잘 비벼진 청년정책을 만든다는 취지로 시행되었으며, 2014년에 청년정책네트워크로 본격 전환되었다.

그냥 둘러보고 간 적도 있다. 우연히 만났는데 공간을 둘러보고 있길래 누구시냐고 물어보았더니 ○○시의 시장이라고 하셨다. 이런 공간이 있어서 너무 부럽다고 하면서 가셨던 기억이 난다."

초기 청년허브의 가장 중요한 의미는 '청년' 일자리의 중요성을 강조하고, 노동자로서 청년이 수행해야 하는 노동의무만큼 일자리를 제공하는 사업장의 의무도 강조했다는 것이다. 그러나 일자리 중심의 접근은 종합적 의미에서의 청년 지원이라기보다는 노동력으로서의 청년만을 의미했기 때문에 청년이 필요로 하는 다양한 요구를 품기 어려웠다. 그러한 문제가 제기되면서 2014년에 '청년허브'로 명칭을 바꿨다.

"2008년, 2009년까지만 해도 청년 비정규직 문제는 청년 개인 탓으로 돌리는 것이 사회의 보편적인 담론이었다. 청년이 게으르고 눈이 높아서 취직을 못한다는 것이 주 내용이었다. 그런데 청년 실업률이 높아지면서 담론과 인식이 변하기 시작했다. 정말 일하기 힘든 환경이고 취업이 어려운 환경이라는 식으로 시선 자체가 달라졌다.

그러면서 '일하기 어려우니까 생활비도 많이 들 것이고, 집값 문제 해결도 어렵겠구나' 하면서 사회적 공감이 형성되었다. 초기에는 문제에 직면한 청년 당사자들이 직관적이고 개별적으로 발산했던 문제들이 사회에 수용되는 과정에서 비로소 맥락이 형성된 것이다."

개인의 문제를 집단의 문제로 인식하는 계기가 마련되었다는 것은 사회적으로 매우 중요한 현상이다. 개인이 혼자 돌파해야 하는 '각자도생'의 지옥이 아니라 사회적·제도적 지원 필요성이 형성되는 부분이기 때문이다.

그럼에도 여전히 일자리사업을 진행할 때 사업장의 의무나 일방적인 정부 지원을 강조하는 방식에는 한계가 있었다. 이를 좀 더 보완하여 사업장의 의무를 더 강조하고, 다양한 사업장과 청년을 연결하더라도 그것이 사업자와 청년의 동반 성장으로 이어지기는 어려운 상황이었다.

"산업전략과 연결되는 부분에 한계가 있었다. 직무훈련 프로그램의 유지와 발전이 이루어지고, 그런 프로그램과 청년을 받아들이는 사업장이 늘어야 하는데 공공일자리 창출이라는 단순 전략으로 가다 보니 한계가 나타났던 것 같다. 좋은 사업장을 발굴하지 못한 한계, 산업전략으로 이어지지 못한 한계이다.

한편으로는 안심귀가 서비스*처럼 중요한 사회서비스 영역을 발굴하지 못했던 것도 아쉬운 부분이다. 사회혁신활동 양성사업이라는 명칭으로 비영리단체, 사회적기업 등 사회 혁신

영역에 속한 사업장의 청년 역량도 강화하고자 했지만 결과적
으로는 잘 이어지지 못했다. 당시 서울에 그런 사업장(마을공
동체, 마을 기업, 사회적기업 등)이 워낙 취약하기도 했다.

물론 그때의 청년들이 성장하여 지금도 많은 지역의 다양한
기관에서 활발하게 활동하고 있다는 것도 성과에 포함할 수는
있다."

지금은 청년허브의 활동을 벤치마킹한 많은 공간이 지역에 저
마다 다른 이름으로 생기고 있다. 청년허브를 언급하는 최근 뉴스
의 대부분은 '○○지역에 청년허브를 설치한다' 등의 내용이다. 서울
외 지역에서도 일자리뿐만 아니라 삶의 질을 높일 수 있는 청년문화
형성이 필요하다는 취지에도 많이 공감하는 것이다.

"연구사업 같은 경우에도 예전에는 청년허브에서 '자기 삶의
연구자가 되다'라는 프로그램이 엄청난 반향을 일으키고 청년
연구진들에게 좋은 영향을 미쳤는데 이제는 그런 지원 프로그
램이 곳곳에 너무 많다. 그렇다면 청년허브는 그다음 단계를
고민해야 하는 상황이다."

＊2008년에 서울시가 실시한 여행(女幸) 프로젝트는 '여성이 행복한 일 갖기', '여성이 행
복한 아이 키우기', '여성이 행복한 넉넉화장실', '여성이 행복한 편한 길', '여성이 행복한 귀
갓길' 서비스 등으로 이루어져 있으며, 이후에 다른 지자체로 확산되었다.

서울에서 청년하다

청년정책 분야의 역동적인 실험실로 그렇게 오랫동안 유지되어 온 청년허브는 청년정책의 제도화를 넘어 발전기에 들어선 현재, 제2막의 질적 도약을 준비해야 하는 상황이다.

청년활동지원센터(2016년),
청년이 청년을 지원하다

청년정책의 새로운 기준, 청년수당

청년활동지원센터의 시작은 '청년수당'에서부터다. 기존의 청년정책이 공공일자리를 지원하거나 소규모 모임지원, 청년단체 지원을 시작으로 청년 당사자들을 모으고, 의견을 수렴하는 것에 중점을 뒀다면, 이제 청년들이 쏟아낸 정책 아이디어를 안정적으로 수행할 기관이 필요했다.

청년수당은 청년 개인에게 직접 공공의 자원을 지원하는 새로운 형식의 정책으로 공모사업이나 모임지원 같은 프로젝트성 지원사업이 아니라 갑자기 위기에 처하면 동사무소나 구청에 가서 긴급지원을 신청할 수 있는 정책 안전망처럼 청년에게도 사회보장을 실현하는 전혀 새로운 사업이었다.

청년활동지원사업, 그러니까 청년수당이라는 별칭으로 더 유명해진 이 사업은 2015년 서울시가 '2020 서울형 청년보장'을 준비하며 일자리 이외의 분야에서 청년을 지원하는 아이디어를 모으면서 처

청년활동지원센터(https://www.sygc.kr)

2016년에 청년수당과 활력프로그램 운영을 위해 설립한 기관으로 시작하여 청년정책을 전달하는 체계를 만들고, 운영하는 곳이다. 민간단체(2016. 7월~2021. 6월까지 사단법인 마을·일촌공동체가, 2021. 7월 현재는 재단법인 서울현대교육재단)가 서울시로부터 위탁운영하고 있다(서울혁신파크 내 사무실을 두고 있으나, 2022년에는 용산구로 이전할 예정이다).

청년허브가 거버넌스 모델, 청년단체 지원, 청년기본조례 등 청년정책의 법제화를 주도하는 기관이라면 청년활동지원센터는 청년수당, 마음건강 서비스, 진로탐색 서비스, 지역별 청년센터 조성과 사업지원 등 청년 개인에 대한 사회서비스 개발과 서비스 전달 체계를 제도화하고 운영하는 데 주력한다.

음 등장했다.

당시 고용노동부의 취업성공패키지라는 정책에 비판이 거세게 나왔다. 직업교육 훈련을 받는 기간에는 아르바이트를 병행할 수 없어서 직업교육이 꼭 필요한 청년들에게는 그림의 떡이었기 때문이다. 실업급여 또한 청년에게는 안전망이 되지 못했다. 고용보험 가입을 하지 않은 일터나 실업급여를 받을 자격 기준만큼 일하지 못하는 짧은 계약기간의 일 등이 문제였다. 청년수당은 제도는 있으나 제도의 보장을 받지 못하는 청년들을 위한 정책으로 논의되었다.

취업 준비 중인 청년, 일은 했지만 고용보험에 가입한 적이 없어 실업급여를 받을 자격을 갖추지 못한 청년, 학자금 대출을 갚기 위해 아르바이트를 꼭 병행해야 하는 청년 등 청년들의 상황은 기존 제도 밖에 있었다.

청정넷 활동으로 모인 청년위원들은 이러한 상황에 있는 청년들을 '사회 밖 청년'으로 부르기로 했다. 같은 시기에 같은 지역에 살고 있지만, 사회가 요구하는 '자격'을 갖추지 못해 '시민의 권리로서의 보장'을 누리지 못하는 사람들이라는 뜻이다. 사회 밖 청년도 포괄하는 포용적 의미의 사회보장을 만들어보자는 논의는 청년정책의 범주를 종합적으로 확대하도록 촉진했다.

> "한국형 실업부조를 청년 대상으로 먼저 서울시에서 해보자라는 아이디어였는데, 이게 계속 발전되는 과정에서 유럽의 청년보장과 딱 만났다⋯. 유럽의 청년보장을 살펴보다가 프랑스의 알로카시옹* 정책도 살펴보게 되었고 참조했다. 청년 대상의 종합적인 사회정책을 청년보장이라는 브랜드 아래 만들어보게 됐다. 서울형 청년보장을 계획하면서 대표적인 정책으로 실업부조 성격의 청년수당으로 아이디어를 모았다."

---

*프랑스의 청년보장은 청년들이 직업훈련에 참여하는 것을 조건으로 고용비, 거주비, 통신비 등을 보조하며 이 보조금을 '알로카시옹(allocation)'이라고 부른다.

아무리 취지가 좋다고 하더라도 새로운 정책이 사회에 쉽게 수용되기는 어렵다. 특히 일할 능력이 있는 청년에게 현금을 지원하겠다는 수당과 같은 정책은 말이다. 2015년 11월, 서울시는 '2020 서울형 청년보장' 계획에서 3천 명의 미취업 청년에게 청년활동지원금과 프로그램을 제공하겠다고 발표했다. 언론에서는 연일 포퓰리즘 논란을 다뤘다.

> "서울시 '월 50만 원 청년수당' 논란"
>
> "취업 실패 청년들 사기 높이기" … "용돈 주기식 포퓰리즘" 비판도 … 서울시가 5일 발표한 이른바 '청년수당(구직 활동비)' 지급 계획은 잇단 취업 실패로 의기소침해 있는 청년들의… (동아일보)
>
> "'청년수당' 서울도 포퓰리즘 논란 … 지속가능성 의문도" (JTBC TV)
>
> "서울시 '취준생 월 50만 원' 청년수당, 복지부 제동 걸까" (연합뉴스)

2015년 청년수당 도입에 대한 찬반 여론이 형성되는 시기에 서울의 청년수당 찬성률은 35.3%에 불과했다. 정책의 수혜 대상층인 20대조차도 찬성률이 53.2%로 겨우 과반수를 넘긴 상황이었다.[*]

---

[*] "청년수당제에 대한 국민태도 여론조사."(리얼미터 2015. 11. 18.)

그럼에도 청년수당이 자리를 잡고, 고용노동부의 청년구직촉진수당(2019년)으로 반영되고, 국민취업지원제도(2020년)라는 한국형 실업부조의 디딤돌이 될 수 있었던 에너지는 무엇일까? 보건복지부의 반대를 뚫고, 추운 한겨울에 대법원 앞에서 청년수당 도입의 당위를 주장하는 1인 시위를 하고, 소송에 같이 합류한 청년 당사자들이 있었기 때문이다. 청년 당사자들의 절실함과 적극적인 행동이 새로운 청년정책의 등장을 추동하는 큰 에너지를 제공하였다.

청년 감수성, 청년지원매니저

청년활동지원센터는 '청년이 존중받는 사회를 만든다'는 비전으로 청년수당 지원(2016년), 청년의 심리정서를 지원하는 새로운 마음건강 사업과 자치구 청년센터 모델 사업(2017년), 청년허브로부터 사회혁신청년활동가 사업 이관, 국제청년보장포럼(2018년), 청년출발지원사업과 청년지원매니저 양성사업(2019년), 지역별 서울청년센터 컨설팅, 교육, 평가(2020년) 등을 진행하고 있다.

청년정책을 전달하는 과정에서 청년 감수성에 대한 강조는 아무리 강조해도 지나침이 없다. 정책에 대한 전문성을 차치하고서라도 청년의 삶을 공감하는 청년 감수성을 갖추는 것이 우선이다. 청년정책이 발달할수록 정책의 취지를 제대로 살리는 사람의 존재가 더 귀하다.

"청년 감수성이라고 말하긴 하는데, 세대 민감성이라 할 수
있다. 청년에 대한 이해가 높은 사람, 청년들이 처한 환경에 대
한 이해가 높은 사람들이 필요하다…. 환대, 친절함, 공감. 이
러한 것들이 청년센터에 오는 청년들이 제일 만족스러워하는
요인이다. 이러한 지점이 청년센터가 존재하는 이유이기도 하
고, 청년센터니까 청년이 우선이다."

청년활동지원센터는 이들 매니저들을 청년지원인력으로 양성
하고 마음건강지원사업도 실시한다. 단순한 정책 전달에 그치는 것
이 아니라 정책 지원을 위한 전문 인력을 육성하고, 그전에는 중요
하게 평가받지 못했던 마음건강 부문의 지원이 이루어지고 있다는
것이 특징이다. 반면 여전히 인지도 부족이라는 문제가 있다는 지적
도 제기되었다.

"무중력지대에 대해서는 공간을 이용하는 곳이라는 확실한
인지가 되어 있다. 청년활동지원센터를 통해서는 정책을 전달
할 수 있는데 아직까지 청년들이 전달 체계라는 것에 대해 직관
적이고 구체적으로 인지를 한 것 같지는 않다."

청년 안전지대, 서울청년센터 오랑

오랑은 대중교통 이용이 편리한 위치에 설치, 센터 인력인 '청년

서울청년센터 오랑(https://youth.seoul.go.kr/orang)

청년정책을 지역마다 고르게 지원하기 위해 서울시 또는 자치구가 설립하고, 민간단체가 운영하는 지역 청년지원기관이다. 무중력지대가 청년전용공간으로서 기능했다면, 서울청년센터 오랑은 청년지원 매니저를 두고, 서울 청년들이 겪는 일상의 어려움을 해소하고, 청년정책을 연결한다.

청년의 오늘을 함께한다는 의미와 내가 사는 지역 가까이, 청년 누구나 편하게 오라는 의미로 '오랑'이라는 명칭을 붙였다.

2020년 관악구를 시작으로 금천, 강동, 은평, 성동, 동대문, 노원, 광진, 마포, 서초 등 10개의 자치구에 오랑을 설치하여 운영 중이고, 2022년까지 무중력지대의 운영 종료 이후 오랑으로 전환하는 지역을 포함하여 5개 자치구에 추가 설치할 예정이다.

지원매니저'에 대한 교육, 청년정책 종합 상담과 정보 제공 등 기존의 청년전용공간인 무중력지대의 단점을 보완하고, 청년 커뮤니티 활성화나 청년공간 운영 노하우 등의 장점을 강화하는 모델로 운영 중이다.

청년정책이라고 하면 해커톤처럼 문제해결을 위한 열정적이고 역동적인 사업을 떠올리거나 취업 특강이나 면접 컨설팅처럼 고용

연번	역할	내용
1	종합 상담과 안내	청년과 일대일 상담 또는 일상적 소통을 통해 적절한 정책과 정보를 연결하고 고민을 들어주는 지지자 역할 수행
2	욕구 파악과 이해	청년의 욕구를 파악하고 이해하여 맞춤형 정보 제공 정책 개선을 위해 파악하고 이해한 내용을 집적
3	정보 제공 및 연계	청년에게 필요한 정보와 자원을 검색하고 발굴하여 관리 정보와 자원을 다양한 방식을 통해 청년에게 제공
4	프로그램 기획·운영	청년의 욕구를 파악하여 프로그램을 직접 기획·운영

관련 사업의 이미지를 떠올리게 된다. 그러나 청년의 삶은 늘 역동적이고 늘 열정적일 수가 없다. 고단하기도 하고, 무기력하기도 하고, 불안하기도 하다. 청년센터 오랑에서 청년지원매니저들이 만나는 청년의 삶은 누군가에게 보여주기 위해 괜찮은 척하는 삶이 아니다. 청년들이 하는 '나'의 이야기를 편안히 들어주는 안전한 공간이 되기 위해 각 오랑에서 근무하는 매니저 역시 청년들로 구성하고 있다. 말하자면 청년이 같은 눈높이에서 청년을 위한 정책을 지원하는 것이다.

"만나는 청년들의 스펙트럼이 되게 다양하다. 오랑은 포괄
적으로 청년들을 포용하겠다는 모델이기 때문에 처음에 오랑
에 오는 청년들은 정말 그냥 단순하게 몇 개 정책을 해석해주
거나 간략한 정보만 주면 되는 청년부터 사회복지관에서 하는

사례관리처럼 집중적으로 상담하고 매니징해야 하는 청년까지 다양하다.

그들의 70% 이상은 커뮤니티 지원, 정책정보 제공, 특강 이런 통상적인 프로그램을 연결하면 된다. 집중적으로 상담하고 관리할 청년은 10%도 안 되는데, 동사무소 가서도 해결 못하는 문제를 갖고 있는 청년들이 오랑에 온다면 여기가 청년에게 정책의 입구가 될 수 있을지에 대한 고민이 있다.

전국 청년센터협의회에서도 처음에 스타트 워크숍을 할 때 청년센터라는 정체성을 가지고 여기서 일하는 사람이라면 어떤 정체성으로 일을 해야 되는지 열띤 논쟁을 했다…. 대부분은 열심히 하고 있을 것이다.

공간도 밤 10시까지 열고, 주말에도 개방한다. 매니저들은 청년 당사자들에게 필요하니까 진짜 열심히 공공영역에서 좋은 일 하려고 센터에 들어왔는데 계속하다 보니 시설 관리자인지 문화기획자인지 혼란을 느끼기도 한다고 말한다."

참고할 만한 다른 사례가 있다면 좋겠지만, 서울청년센터 오랑과 청년지원매니저는 서울이 최초의 사례다. 몸으로 부딪히며 만들어가고 있는 새로운 청년정책 현장이기 때문에 시행착오도 있지만, 현장의 매니저들은 더디더라도 하나씩 경험을 쌓으며 활동의 개념을 정리해 나가고 있다. 어쩌면 취약계층으로 낙인찍지 않고도 안전지대를 만드는 전대미문의 새로운 지원체계 역사가 지금 쓰이고 있는지도 모르겠다.

청년센터의 전국적 확산과 기관 정체성

현재 전국에는 127개의 청년센터가 있는데, 이 가운데 서울에 있는 청년센터는 2020년 말 기준으로 24개로서 전국에서 가장 많고 그다음이 경기(18개), 전북(12개), 부산(11개), 전남(11개) 순이다.

〈표 3〉 전국 청년센터 현황

지역	서울	부산	대구	인천	광주	대전	울산	세종	경기	강원	충북	충남	전북	전남	경북	경남	제주	합계
청년센터 수 (개)	24	11	4	4	8	6	1	2	18	2	2	6	12	11	6	5	5	127

＊출처: 전국청년정책네트워크 보도자료. 2021. 3. 17. "전국 광역시·도 청년정책 평가 결과 발표."

전국의 청년센터에서는 또 다른 문제가 발생하고 있다. 전국청년정책네트워크의 분석과 평가에 의하면 지자체의 청년센터는 일자리센터, 창업센터, 지원센터의 의미가 혼용되어서 청년활동과 사회참여를 지원하는 센터로서의 역할 정립이 불완전하다는 것이다(전국청년정책네트워크 보도자료. 2021. 3. 17. "전국 광역시·도 청년정책 평가 결과 발표").

즉 종합적인 의미에서 지원센터 안에 일자리센터나 창업센터가 포함될 수 있는 것인데 여전히 과거의 의미를 그대로 이어받아 일자리와 창업만 강조하는 상황이 그대로 재현되고 있는 것이다.

무중력지대(2015년),
청년전용공간

무중력지대(https://youth.seoul.go.kr/site/youthzone/home)

청년들의 커뮤니티 확대, 일자리 지원, 역량 강화, 문화 창의활동 등을 위해 서울시가 설립하고, 민간단체가 운영하는 청년전용공간이다.

이곳에서만큼은 청년이 사회의 중력에서 벗어나 자유롭게 있을 수 있는 공간이라는 의미로 '무중력지대'라는 명칭을 붙였다.

무중력지대 G밸리·대방·은평(2015년), 양천·도봉·성북·무악재·홍제·광진(2018년), 강남·영등포(2019년) 등 11개소가 문을 열었다.

2020년부터 새롭게 개관하거나 기존 운영 기간이 종료된 무중력지대는 '서울청년센터'로 기능을 전환하여 운영 중이다.

중력이 없는 청년전용공간, 무중력지대

2015년 정식 개관한 무중력지대는 일종의 청년 지역거점이다. 비록 기간이 종료된 지역의 무중력지대는 서울청년센터로 전환하는 중이기는 하지만, 한때는 취업의 압박에서 벗어나 모일 수 있는 거점 공간으로서 지역정보, 지역의 청년소식, 심리상담, 다양한 문화활동 등을 전개하는 일종의 지역 청년 사랑방 역할을 해왔다.

무중력지대는 청년전용공간이라는 새로운 정책의 아이디어를 제공한 사업이다. 2015년 이후 여러 지자체에서 무중력지대의 사례를 벤치마킹하러 서울을 들렀고, 지금도 공간구성이나 운영 방식에 많은 영향력을 발휘하고 있다.

무중력지대를 운영하는 민간단체와 법인의 특색에 따라 다양한 프로그램이 운영되기도 하고, 청년활동 거점공간보다는 창업지원센터로서의 기능으로 운영되기도 하지만 청년이 도전할 수 있는 기회의 공간을 열었다는 점에서 큰 의미를 지니고 있다.

"아무리 인기가 있어도 힙한 곳에 매일 갈 수는 없다…. 그냥 슬리퍼 끌고 동네에 나가서 사람을 만나다 보면 자연스럽게 커뮤니티가 형성되는 것이다. 또 하나, 검색하면 다 나오는데 취업카페 같은 곳을 누가 가겠는가. 그렇게 비싼 공간을 만들어봐야 막상 들어가려면 쭈뼛거리게 되는 낯선 공간이 될 뿐이다. 취업 못하는 사람이나 가는 공간에 기웃거리는 것처럼 여겨질까 봐 눈치 보게 될 것이다.

그러니까 아예 전문적인 용도의 공간을 만들면 쭈뼛거릴 이유도 없어진다. 대학에 취창업정보지원 카페는 있어도 될 것 같지만 지자체에서 그런 용도의 공간을 설치할 필요가 있을까 싶다는 의미이다. 반면 동네마다 있는 카페에는 청년들이 꽉 차 있다. 집에만 있으니 답답해서 나오는 거다.

청년정책의 이행기적인 특성 때문에 정책 구성 과정에서 7평 정도의 역세권 청년주택, 청년을 위한 공간 정책을 실시한 것은 충분히 이해하지만 이런 것은 임시방편 성격이 강하다. 따라서 앞으로는 (공공빨래방 같은) 커뮤니티 공간을 제공하는 데 주력할 필요가 있다."

다만 서울청년센터로 전환하는 시점에서 공간의 목적에 대한 좀 더 깊은 고민이 필요하다는 의견도 제시되었다. 청년정책 발전기에 있는 현재, 단순한 공간 활용이 아니라 공간을 통해 무엇을 성취할 것인가에 대한 고민이 필요하며, 결국 그 목적은 커뮤니티 형성으로 이어져야 지속성을 발휘할 수 있다는 지적이다.

제2부

서울, 청년참여기구의 형성

청년허브의 자유로운 청년활동지원, 무중력지대의 거점공간 제공, 청년활동지원센터의 정책 전달과 상담 지원과 같은 중간지원조직으로서의 활동과 동시에 서울시에서는 청정넷, 청년의회, 청년시민회의 등 본격적인 청년참여기구가 형성되었다.

이 참여기구들을 통해 청년 당사자들이 서울시 거버넌스의 실질적인 파트너로 참여하게 되었으며 한편으로는 시의회나 서울시 행정부서와의 협업을 통해 새로운 청년정책을 만들었고 가장 결정적으로는 2015년 서울시 청년기본조례 제정 과정에서 핵심 역할을 수행하였다.

청년정책네트워크(2013년), 정책을 모으다

서울청년정책네트워크

(https://youth.seoul.go.kr/site/youthnet/home)

2013년부터 청년 당사자가 직접 정책을 제안하는 네트워크 활동을 통해 서울시 청년정책 거버넌스의 민간 파트너로 기능해왔다.

매년 초에 참여자를 모집하고, 350명 내외의 청년들이 청정넷 활동에 참여하였다. 이들 중 분과 활동과 시정 참여를 위한 교육을 수료한 사람들이 청년의회의 청년의원 자격으로 활동할 수 있다.

청년정책네트워크와 청년의회는 2019년부터 '서울청년자치정부'로 확대 개편하여 청년시민회의로 통합 운영되고 있다.

전문가가 아니라 청년 당사자의 목소리

2012년 대선 이후의 국면이 전개되면서 2011년에 만들어진 청년 당사자 단체들은 많은 시민단체와 결합하여 본격적인 정책화 과정에 돌입하게 되었고 그 과정에서 청정넷이 만들어졌다.

"2012년 대선을 거치면서 청년단체들은 기존의 많은 시민단체와 결합했다. 그리고 대선 후에도 그 과정에서 쌓였던 신뢰 관계가 유지되었다. 청정넷 역시 그 연장선상에서 신뢰를 바탕으로 모였다."

2013년 8월, 청년허브는 정책사업 중 하나로 청년정책네트워크(이하 청정넷)를 시작했다. 그러나 하나의 단위 사업이라기보다는 청년허브 밖의 청년단체와 청년활동가들이 경계 없이 아이디어를 모으고 토론하면서 청년들이 직접 정책을 제안하는, 전에 없던 방식을 채택한 새로운 시도였다. 1기 청정넷은 청정비빔밥이라는 이름으로 249명의 위원이 활동을 시작하였고, 같은 해 10월, 시장과의 간담회를 통해 20개의 청년정책을 제안하였다.

"청정넷 초기인 2013년에 청년문제를 해결하기 위해 비빔밥처럼 모여서 정책을 제안하자는 목적 아래 '청정비빔밥'이라는 작은 모임이 있었는데 2년 정도 지속하다 보니 정책에 대한 관

서울에서 청년하다

심이 높아져 청정넷으로 진화하게 되었다."

"청정넷을 처음 만들 때의 쟁점은 주로 서울시와의 관계였다. 그래도 청년들이 직접 정책을 제안한다는 자체가 기존에는 없던 방식이었고, 청년들에게 권한을 어느 정도로 부여할 수 있는가에 대해 주로 논의를 했다. 유럽 사례를 적극적으로 참고하여 청년의회 운영에 대한 재정 지원이나 권한 부여 등의 사례 등을 논의했다."

"청년 당사자들이 자신들의 요구를 수면 위로 올리면서 모든 것을 어떤 범주로 정하지 않고 다 꺼내놓은 듯한 느낌이었다. 매우 신선하고 건강한 느낌이기도 했다. 그동안 서울의 청년정책 수립 과정은 전문가가 대상과 방법을 설정하는 하향식 방식이 아니라 당사자가 요구를 제시하고 구체화하는 방법을 모색하며 다듬어가는 상향식 과정이었다. 그래서 그나마 동의를 얻고 확산이 되고 실효성이 있었다고 평가한다."

청정넷을 통해 많은 청년들이 참여했고 그것을 서울시가 수렴했다는 사실은 매우 놀라운 일이다. 당사자들이 모여 자유로운 의견을 제시하는 것은 쉬운 일이 아니기 때문이다. 또한 자유로운 의견 제시가 정책으로 이어지는 것은 거의 불가능에 가깝다. 자유롭게 의견을 나눌 수는 있지만 정책으로 만들어보자고 시도하는 것 자체가 우리 사회에서는 여전히 매우 어려운 일이다.

한편으로는 어쩌면 기존 정당이나 대표기구가 담당했어야 할 이런 역할을 청년 당사자들이 스스로 할 수밖에 없었던 당시의 절박한 상황을 가늠해볼 수 있는 대목이기도 하다. 실제로 인터뷰에 응한 청정넷 참여자들은 현장에 참여하여 청년들의 절박한 요구를 귀기울여 듣는 노력만으로도 매우 의미 있는 시간이었다는 소회를 밝혔다.

"청정넷은 철저히 상향식 방식을 고수했다. 청년들이 자기 목소리를 낼 수 있는 구조·기회가 없고 과소대표된다는 문제의식 때문에 일단 청년의 목소리를 내는 것에 주력했다."

"청정넷 추진을 위한 협의체를 만들지는 않았다. 청년허브에서 새롭게 시도되는 일들은 허브의 주요 활동가들이나 단체가 일상적으로 경계 없이 아이디어를 모으고 토론하는 과정에서 추진되었기 때문이다. 청정넷 역시 같은 방식으로 진행되었다. 청정넷은 허브 사업이기도 하지만 한편으로는 단체들이 함께 만든 것이다."

아이디어를 정책으로 만드는 네트워크의 힘

청정넷 2기(2014~2015년)는 271명이 활동을 시작하였고, 2015

년에는 197명의 청년의원이 모여 청년기본조례 제정 촉구, 서울형 청년보장 발표, 청년수당 도입 제안 등 18개의 청년정책을 제안하였다. 청년정책의 방향 전환을 위한 공론장 운영 등 민선 5기 청년정책을 평가하면서 새로운 방향을 제시하는 활동을 이어갔다.

특히 이 시기에는 공식적 정책제안 통로인 '청년의회'를 신설하여 참여 수준을 높였다. 2015년 1월 전국 최초로 「서울시 청년기본조례」를 제정하고 2015년 11월, 3년간 청년 당사자와 정책 협의 및 연구, 청년정책위원회의 심의를 거쳐 청년정책 기본계획인 '2020 서울형 청년보장'을 발표했다.

"2015년 초에는 본격적인 청년보장 개념은 형성되지 않았고, 사회보험 가입을 지원하는 서울형 두루누리 등을 청년 대상으로 해보자며 해외 사례 스터디를 했다. 그 과정에서 유럽에 청년보장이라는 개념이 있고, 사회보장처럼 청년정책은 청년보장으로 하면 되겠다고 생각하게 되었다. 그러한 이해에 기반하여 청년 대상의 종합적인 사회정책을 만들고자 노력했다. 이러한 논의의 시작은 2011년 정도부터 진행되었던 것들이다."

서울형 청년보장 추진계획은 그동안 청년정책의 한계로 지적되었던 직업훈련 위주의 일자리 정책에서 벗어났으며, 일자리, 주거, 문화, 복지 등 4개 분야 총 20개 사업으로 구성되었다.

조례에 근거한 5개년 종합계획의 주요 내용은 (설자리 분야) 청년활동지원(청년수당, 활력 프로그램), 대학생 학자금 대출 이자 지원, (일자리 분야) 청년 뉴딜일자리 확대, 아르바이트 청년 권리 보호 및 근로환경 개선, 문화예술 분야 청년 지원, (살자리 분야) 청년 1인 가구 맞춤형 공공주택 공급, 희망두배 청년통장, 청년층 신용회복을 위한 긴급생활안정자금 지원, (놀자리 분야) 청년활력공간 조성, 청년허브를 통한 청년생태계 조성, 청년정책네트워크 운영 지원 등이다. 이 가운데 서울형 청년수당은 고용노동부의 청년구직활동지원금 사업을 신설하는 데 영향을 주었고, 실업부조(전국민취업지원제도) 도입에 대한 여론을 이끄는 등 정책 성과를 이루어냈다.

"청년기본계획의 살자리, 일자리, 놀자리, 설자리 중에 설자리 영역에서 청년수당정책을 시작했다. 정치적 긴장감이 높은 정책이었고 시의회가 대법원에 제소되기도 했다. 청년수당은 시장의 정책도 아니고 시의회의 정책도 아닌 청년 당사자들이 만든 정책이었다. 당사자주의가 언제나 중요하다.

그 요구를 반영하여 청년수당 예산을 편성해보니 복지정책이 되었다. 이에 대해 지자체의 복지정책 실시는 중앙정부의 승인이 필요하다는 「사회보장기본법」 개정안 발의 등 정치적 반대가 심했다. 그러나 청년세대의 어려움을 정치적 공격 수단으로 삼는 것은 부당하다고 생각했다. 방식의 문제이지 지원 자체는 문제될 것이 없다고 생각했다. 그래서 시의회 내 청년특위에서 강하게 추진했다."

3기 청정넷(2016년)은 376명이 청년수당 시행 촉구 기자회견, 청년주간을 진행했고, 2016년 청년의회에서는 139명의 청년의원이 청년수당 당위성 주장, 청년 세입자에게 주택 정보를 제공하는 주거정보통합플랫폼 도입을 제안했다.

4기(2017년)는 316명이 활동을 시작하여, 19대 대선 청년정책 토론회와 청년주간, 청년보장포럼을 개최했고, 청년의회에서는 청년수당의 전국화, 마음건강 바우처 도입, 청년 뉴딜일자리 특별점검, 청년주거권 TF 구성 등을 제안했다.

청정넷의 주거 관련 활동은 특히 더 적극적으로 이루어진 분야이기도 한데, 이전까지 부동산 정책 중심이던 패러다임을 청년의 삶터 중심의 패러다임으로 전환한 것이다.

"청정넷에서 주거 문제에 접근할 때에는 훨씬 다양한 사람을 만났다. 예를 들면 부모님과 거주하는 사람, 젊지만 집을 산 사람, 경기도에 거주하는 사람, 주택에 사는 사람 등과 만나다 보니 시대와 함께 호흡하는 상황이 되었다."

"주거 문제는 우리 사회가 성장해온 방식에서 발생한 문제이자 계속 왜곡되어 왔던 방식 그 자체이다. 그리고 구체적으로 내가 겪는 문제이기도 하다. 딱히 청년주거만 문제라고 국한해서 생각해본 적은 없다. 학교에서 기숙사 문제에 대한 논의가 있긴 했지만 결국 청년의 주거 문제뿐만 아니라 사람들이 사는 집에 대한 고민인 것이다."

단지 부동산 문제가 아니라 거주 문제, 그리고 다양한 청년층
의 요구를 발로 직접 뛰며 들어보고 제시한 문제로 구성했다는 점에
서 매우 역동적인 참신함을 느낄 수 있다. 물론 그렇게 만들어진 청
년주거정책이 애초의 목적과는 다르게 행정사업으로 전환되면서 의
미가 달라지는 경우도 있었다. 요구가 정책이 되고 사업이 되었을 때
행정의 반응이 다르게 나타날 수도 있다는 경험을 하게 된 것이다.

"청정넷 내에서 주거 문제는 매우 강력하게 제기되어 온 이슈
였다. 청정넷 주거분과에서 역세권에도 청년주택이 필요하다
고 제안했는데 그게 행정을 거치면서 '역세권 청년주택'이라는
식으로 명칭이 전환되었다. 원래의 의도보다 행정적인 필요에
의해 명칭 변환이 이루어진 면이 있다."

"전주시에 이어 전국에서 두 번째로 2018년에 서울시가 청년
주거기본조례를 제정했다. 다른 나라에 비해 부실한 세입자 보
호조항의 보완이 필요하다는 문제의식에서 제정한 것이다(민
달팽이유니온에서는 2013년부터 청년주거상담사 교육을 시행하고
있다)."

청정넷의 청년주거종합지원센터 설립 아이디어는 2019년 청년

자율예산사업으로 선택되었다. 서울시의 주택건축본부(주택정책과)와 청년청(현재 미래청년기획단)의 역할을 고려해 상담센터로 출범했다. 이에 대해 최지희 센터장은 "청년주거상담센터는 여러 기관[서울시, 청년청, 서울주택도시공사(SH), 주거복지센터, 청년활동지원센터 등]이 함께 노력한 결과물"이라고 했다. *

청정넷 5기(2018년)는 358명 청년의원이 청년기본법 제정 촉구, 서울시와 청년존중도시 서울을 위한 청년정책 협약을 체결했으며, 6기(2019년)는 청년자치정부 출범, 자치구 청년 민간 거버넌스 협의회, 정책타운홀 미팅을 실시하였고, 7기(2020년)는 서울시 청년참여활성화지원조례 제정 등 서울시 청년 거버넌스를 제도화하는 과정으로 활동을 전개하였다.

"청정넷은 공공자원을 확보해서 청년정책을 만들 사람들을 조직하는 토대를 마련하고자 하였다. 공공 입장에서는 더 좋은 거버넌스 형성에 유용했고, 민간 입장에서는 사람들을 조직하기 위해 청년정책을 매개로 한 측면이 있다."

---

* "청년 주거 문제 푸는 허브 역할 해낼 것." (서울& 2020. 8. 13.)

청년의회(2015년),
정책을 제안하다

청년의회

2015년부터 2018년까지 서울시의회 본회장에서 매년 열리는 서울시-서울시의회-청년정책네트워크의 연계사업으로 매년 서울시의 청년정책을 청년 당사자 의원이 질의하고 제안하는 장(場)이다.

질문하고 대안을 모색하다

34년 역사를 가진 유럽청년의회의 경우 2013년에는 청년 실업에 대해 강력한 목소리를 냈고, 이에 유럽연합(EU) 회원국들은 2년간 120억 유로(약 17조 2,300억 원)를 투입하기로 결정했다. 청년실업 정상회의에는 메르켈 독일 총리 등 각국 정상들이 참가할 정도로 청년의회의 목소리는 막강하다. *

서울시에서는 2015년에 청년의회가 시작되어 2018년까지 운영되었다. 청정넷에서 활동하는 멤버 3인 이상의 추천을 받은 청년과 추가로 모집해 기본교육을 이수한 청년 197명의 초대 청년의원이 선출되었다.

1회 청년의회(2015년)에는 (기존의 분과와 같은 형태의) '바람' 모임이 있는데, '○○하길 바람'으로 표현한다. 존중하길 바람, 관계 맺길 바람, 하고 싶은 일을 하길 바람, 성소수자 바람, 여유 있길 바람, 걱정 없길 바람, 배울 수 있길 바람, 신뢰하길 바람 등이 그것이다. 주로 분야별 위원회로 구성되어 있는 대한민국 국회나 지자체 의회의 분과구성과는 매우 다른 그리고 매우 구체적인 분과 구성이다.

> "지난 3년 청년정책네트워크를 통해 경험한 거버넌스.
>
> 청년의회는 서울시와 청년이 새롭게 관계 맺는 실험입니다.
>
> 청년의원, 내가 나를 말하는 것에서 시작합니다.
>
> 정책의 공백을 찾고 그 빈틈을 채울 방안을 이야기합니다.
>
> 그래서 우리는 질문합니다. 질문을 통해 해결해야 할 문제를 확인합니다.
>
> 이 문제는 해결 가능합니다."(청년의회 소개 동영상)

> "2015년에 시의회 본회의장에서 하는 청년의회가 처음 시작되었다. 서울시의회 건물이 워낙 역사적으로 특수한 건물(근대

---

* "청년들이여, 오지랖 맘껏 펼쳐라."(한국일보 2014. 9. 3.)

문화유산)*이기도 해서 그 장소에서 개최까지 많은 제약이 있었지만 청년 당사자가 시민으로서 역할을 할 수 있다는 걸 내외에 각인시킨 좋은 기획이었다."

청년의회는 소셜픽션 컨퍼런스를 개최하여 9개 바람분과별로 시정에 대한 질문을 했고, 바람을 담은 정책을 서울시에 발의했다. 1년에 한 번 열리는 본회의에는 시장, 사업 관련 실·본부·국장도 참여하였다.

본회의를 통해 시민발의기구로 청년의회의 위상을 획득하고, 청년정책의 방향 전환을 위한 새로운 분류 체계를 마련하고자 했다. 또한 서울청년선언을 통해 청년정책의 기본계획과 방향에 청년의 목소리를 담고, 청년이란 누구이며 청년문제란 무엇이고, 문제를 해결해나가기 위한 청년과 공공의 역할을 선언했다.**

서울 청년 선언문(서울청년의회, 2015. 7. 19.)***

청년의 바람이 불어온다. 어느 새벽 편의점 계산대에 서 있는 알바생의 손끝에서, 두 평 남짓 고시원에 홀로 써내려간 일기장 귀퉁이에

---

*1935년에 세워진 서울시의회 건물은 국회가 여의도로 이전하기 이전까지 국회의사당이었고, 지금은 등록문화재 제11호이다.
**서울청년정책네트워크. 2016. 『청정넷 시즌 1-2 & 청년의회 결과자료집』. p. 106.
***서울청년정책네트워크. 2016. 『청정넷 시즌 1-2 & 청년의회 결과자료집』. pp. 150~151.

서, 학자금 대출로 시작된 조그마한 가계부에서 청년의 바람은 시작되었다. 그들은 내일을 기대할 수 있는 일자리, 작더라도 편안한 보금자리 그리고 더불어 살아갈 사회를 바란다. 생존의 불안으로 점철된 내일이 아니라 인간답게 살아갈 내일을 희망한다. '청년의 바람'은 함께 살아가는 사회를 향해 분다.

청년은 시민이다. 우리는 지금 이 순간부터 청년을 '청년시민'이라 분명하게 선언한다. '청년'에 대한 손쉬운 이름 붙이기에 맞서, 청년도 그저 시민의 한 사람이라는 당연한 사실을 다시 확인한다. 이 선언은 그 단순한 진실에서 출발한다. '청년'이란 '사회적 주체로 나아가는 시민'의 다른 이름이다. 이것은 청년이 '미완의 시민'이나 '성숙하지 못한 시민'이라는 의미가 아니다. 모든 사람은 '시민'이라는 동등한 지위를 가진다. 청년은 헌법이 보호하는 시민의 기본 권리를 기초로 삼아 사회적 주체가 된다.

청년은 바란다. 우리는 힘겨운 삶의 현실을 마주하면서도 함께 사는 사회와 인간다운 삶을 꿈꾼다. 지금까지 청년의 목소리는 자신의 고통을 호소하는 외침 혹은 사회의 관심과 동정을 원하는 부탁으로 해석되었다. 그러나 우리는 청년의 다양한 바람들 끝에 인간의 존엄성이 인정되는 사회, 시민의 기본 권리가 있는 그대로 보장되는 사회를 요구한다. 지금 청년의 목소리는 새로운 사회를 향한 '권리의 주장'이다.

1. 청년을 비롯한 모든 시민은 인간의 존엄성에 근거한 권리를 가진다. 모든 시민의 기본 권리는 평등하다. 우리는 '듣기 좋은 말'로 취급되는 이 흔한 원칙을 가장 현실적이고 구체적인 사회 원리로 다시 한번 선언한다.

2. 국가는 시민의 기본 권리를 차별 없이 보장할 의무를 가진다. 현실의 사회적 환경과 경제적 불평등은 시민의 권리 행사를 끊임없이 제한한다. 단 한 사람의 권리일지라도 그것이 침해되지 않도록 최선의 노력을 다하는 것이 국가의 존재 이유다.

3. 지금 청년시민의 기본 권리는 심각하게 위협받고 있다. 국가는 청년시민의 기본 권리를 보장할 의무가 있다. 국가는 사회로 진입하는 청년의 권리 행사를 위해 괜찮은 일자리, 안정적인 주거 및 활동 공간, 최소한의 생계보장, 경험과 경력을 쌓을 다양한 기회, 스스로의 역량을 키워나갈 시간, 자존감을 얻을 동료 관계의 형성을 보장해야 한다.

4. '청년시민'의 기본 권리는 다름 아닌 '시민'의 기본 권리다. 청년시민의 사회·경제적 곤란함을 해결하는 것은 결국 모든 시민의 기본 권리를 보장하는 일이다.

서울 청년, 우리는 청년의 바람을 담아 여덟 가지 구체적인 삶의 권리를 선언한다.

첫째, 우리는 공공의 의사 결정에 참여할 권리를 가진다.

둘째, 우리는 자유롭고 충분하게 주어진 시간 속에 여유가 있는 삶을 살 권리를 가진다.

셋째, 우리는 타인을 존중할 의무와 함께 누구로부터도 모욕받지 않을 권리를 가진다.

넷째, 우리는 개인의 다양한 차이에 대해 그 어떠한 차별도 받지 않을 권리를 가진다.

다섯째, 우리는 평생에 걸쳐 교육에 능동적으로 참여할 권리를 가진다.

여섯째, 우리는 사회경제적 요소에 의한 생존의 위협으로부터 자유로울 권리를 가진다.

일곱째, 우리는 하고 싶은 일을 할 권리를 가진다.

여덟째, 우리는 사랑하는 사람들과 함께 공동체를 꾸릴 권리를 가진다.

청년들의 바람을 담아 2015년 '바람과 함께 살아지다'라는 슬로건으로 시작한 청년의회는 2016년에는 '다음 사회를 위한 두 번째 시정참여', 2017년에는 '일자리를 넘어 삶으로, 숫자를 넘어 자존으로', 2018년에는 '다른 차원을 여는 이야기'로 청년 당사자의 삶에서 우리 사회의 시대정신에 대한 주제로까지 영역을 확장하였다.

진짜 거버넌스를 경험하다

그러나 청년 당사자의 정책제안이 바로 정책으로 만들어지는
것은 아니다. 청정넷과 청년의회 활동에서 가장 절실했던 것은 청년
참여 확대였고, 그다음으로 중요한 것은 행정이나 시의회와의 협업
이었다. 거버넌스가 필요해지는 시점이 된 것이다.

"청년 당사자들도 잘 몰랐다. 조례를 만들고 집행부만 설득
하면 된다고 생각했던 것 같다. 그러나 현실은 그렇지 않다.
의회에서 특위도 만들고 예산도 반영하면서 많은 사람의 협력
이 이루어져야 한다.

처음엔 청년 당사자끼리 청년의회를 했는데 2회 청년의회부
터는 청년과 서울시의회가 함께 공동 주관하면서 힘이 팍 실리
게 되었다. 그렇게 2회 청년의회부터는 시의원, 청년특위위원
장, 의회의장, 시장이 참석하게 되었다.

즉 청년 파트에서 조직화하는 것은 청년들의 몫인 거고, 청
년과 집행부의 관계에서 청년의 요구를 뒷받침하는 예산 확보
나 집행자들을 추동하는 것이 의회의 역할이라는 것을 서로 배
우고 확인하는 과정으로 진행되었다."

겉으로는 미소를 짓고 있지만 마음으로는 깊은 좌절을 경험하
기도 하는 게 거버넌스 테이블이다. 그러나 청정넷 활동이 지금까지

도 굳건히 이어질 수 있는 힘은 자신의 삶의 문제를 용감하게 직면하고, 서로의 이야기를 마음으로 듣는 보통의 청년들이 모이기 때문이다.

"정부를 냉소적인 태도로 대할 여지도 있긴 했다. 특히 청년이 추진했던 정책이 번번이 안 될 때마다 깊게 좌절하기도 했다. 그런데 청년의 에너지로 인해 거버넌스가 유지된 면도 있다. 워크숍을 할 때 100명을 모으려고 했는데 200명이 왔고 그 청년들과 1박 2일 이야기를 하면서 각자 직면하고 있는 삶의 문제에 대해 진심으로 의견을 나누었다.

그런 경험을 하다 보면 청년단체도 겸허해지게 되는 것 같다. 청년들은 상식적인 이야기를 했고 단체는 그걸 수긍할 수 있었고, 그 사이에서 어떤 역할을 해야겠다는 생각을 하면서 협력 관계가 유지될 수 있었다.

그렇지 않았다면 뭐든지 금방 뒤집어졌을 수도 있다. 일부 멤버만 추진하는 거였다면 안 했을 수도 있는데 바쁘디바쁜 일반 청년들이 모여서 더 열심히 하니까 더 적극적으로 부응하려고 노력했던 것 같다. 그 일반 청년들이 '핵심 주춧돌'이었다고 생각한다."

청년시민회의(2019년), 청년예산을 편성하다

청년시민회의

일회성 행사 형식의 청년의회를 연 4회 운영하는 최고의사결정기구로 확대 개편한 것이 청년시민회의다. 위원 모집부터 분과 구성, 분과별 주요 정책 논의와 선정, 행정과 정책 협의, 예산 편성까지 서울시 청년정책 기획과 편성의 전 과정을 시민회의라는 새로운 구조에 모아 놓았다.

기존 청정넷의 모집-교육-분과 구성-정책제안 등과 운영 방식은 유사하지만, 매년 500억 원의 청년자율예산 편성 권한을 갖는다는 점에서 이전의 청년의회보다는 강력한 거버넌스 체계를 갖추고 있다.

실제로 서울시는 청년시민회의를 시작한 2019년 이후부터 청년자율예산을 청년시민회의의 제안 정책에 편성하여 집행하고 있다. 청년자율예산제 도입을 통해 청년시민회의는 자치구 청년정책에 서울시의 예산을 지원할 수 있게 되었다.

청정넷의 활동과 청년의회 활동은 2019년부터 청년시민회의로 확대 개편되었다. 동시에 2019년에는 청년자치정부도 출범했다. 2021년에는 청정넷 활동을 통해 청년시민회의가 유지되고 있는 상황으로 구조가 변경되었는데 초기에 청년시민회의의 가장 중요한 권한은 청년자율예산제를 통해 예산결정을 할 수 있다는 것이었다. 청년시민회의와 이전 청년의회의 가장 큰 차이는 정책제안과 결정, 예산 편성까지 청년 당사자의 권한을 대폭 확대했다는 데 있다. 그래서 청년시민회의는 연 4회 운영하는 총회와 같은 최고의사결정기구이다.

"2019년에 청년시민회의가 출범했다. 일단 양적으로 참여 인원수가 늘었지만 그렇다고 자연스럽게 논의가 깊어지는 것은 아닌 것 같다. 실질적인 대표성을 확보하기 위한 노력이 필요하다."

"청정넷이 300명 이내의 단위로 운영되면서 운영지원단을 강하게 뒀던 시민회의 출범 이전 모델과 2019년에 청년자치정부가 만들어지면서 확대 개편한 청년시민회의에 사람들이 1,200명이나 들어왔다."

청년자율예산은 시정 숙의형과 자치구 숙의형으로 구분되어 운영된다. 2020년에는 31개 사업에 271억 원, 2021년에는 188개 정

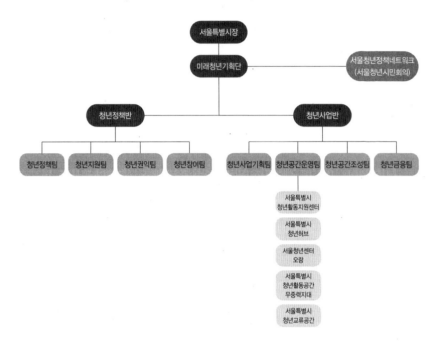

〈그림 1〉 서울시 청년정책 행정구조

*출처: https://youth.seoul.go.kr/site/main/content/organization

책제안과 16개 사업에 241억 원이 편성되었다.

 "청년자율예산제를 하면서 좋았던 점은 실험적 시도를 해볼
수 있었다는 것이다. 전기차 지원사업 같은 경우는 보통 소유
권을 획득할 때 보조금을 지원하는 방식이었는데 빌려 쓰는 사
람에게도 인센티브를 제공했고, 마음건강지원사업도 자율예

산제로 20억 원을 편성하여 시행할 수 있었다. 청년월세지원사업의 경우도 마찬가지이다.

　제도 시행 전에도 충분히 설득력이 있는 사업들이었지만 행정에 부딪혀 시행할 수 없었던 것들을 할 수 있게 된 것이다. 물론 이 제도가 없었어도 3~4년 내에 시행했을 사업일 수도 있지만 제도가 있었기 때문에 그 시기를 앞당길 수 있었다. 그 과정에서 예산편성권만으로 모든 것이 되는 것이 아니라 집행할 주체와의 협력이 필요하다는 매우 중요한 사실도 알게 되었다."

　예산편성권의 확보에 머물지 않고 이를 넘어서 집행주체와의 협력의 필요성을 깨닫게 되었다는 점은 매우 중요하다. 이는 다음 장에서 살펴볼 행정과 조례의 제정 노력으로 이어지는 연결 고리로서, 현실에서의 실천성을 담지하려는 사고의 진전 내지는 전환의 계기가 된다.

제3부

서울,
청년 행정과
조례

청년정책은 청년전문 중간지원조직과 청년의회 등을 통한 대표성 강화를 통해 행정과 제도 영역으로의 본격적인 진입이 이루어졌다. 이 과정은 청년명예부시장(2012년), 청년정책담당관(2015년)을 거쳐 서울 청년정책의 백미로 들 수 있는 청년기본조례 제정(2015년)으로 이어지는 과정이다.

청년명예부시장(2012년),
청년, 행정에 진입하다

청년명예부시장

2012년 2월, 서울시는 청년, 어르신, 장애 분야(이후 7개 분야로 확대)에서 당사자를 '명예부시장'으로 위촉하고, 서울시정의 소통 통로로 역할을 할 수 있게 지원하였다. 명예직으로서 월급은 없다.

초대 명예부시장(김영경)은 서울시정 모니터링과 정책제안을 위한 '청년 암행어사팀'을 꾸려 먹거리와 건강, 주거와 자립, 일과 꿈, 자유 주제(의료, 교육, 금융, 마을 등)로 서울시장과 청년 당사자가 직접 소통하는 타운홀 미팅을 열었다.

2012년 2월 청년, 어르신, 장애 분야(이후 7개 분야로 확대)에서 당사자를 명예부시장으로 위촉하고, 시정에 직접 의견을 주고받는 소통 통로의 역할을 하도록 지원하였다. 명예부시장의 활동은 청년 당사자가 행정에 정책을 직접 요구하고, 행정은 당사자에게 요구받은 정책을 실현하기 위해 노력하는 청년정책 거버넌스의 첫 시도였다.

김영경 초대 청년명예부시장은 '청년 암행어사팀'을 꾸려 청년 당사자와 직접 소통하는 정담회를 열었다. 청년 당사자가 지방정부에 직접 정책을 요구하고, 행정은 실현 가능성 유무를 당사자와 소통하는 첫 번째 시도였다. 또 이러한 활동은 이후 청년정책네트워크 추진을 위한 당사자 주체 발굴과 정책 아이디어를 발굴하는 데 밑바탕이 되기도 했다.

"주거를 주제로 한 첫 정담회에 담당 공무원까지 참석하게 했는데 100명이 와서 성황리에 끝났다. 1회 정담회 전까지 미온적이던 행정에서도 참석 규모나 열의를 보면서 협조적으로 변화했다.

먹거리·건강, 일·고용·꿈 그리고 마지막으로 이 모든 논의 내용을 모아서 시장에게 전달하는 회차까지 총 4회의 정담회를 개최했다. 이 행사가 서울청년정책네트워크의 원형이 된 것 같기도 하다. 어쨌든 서울시 차원에서 청년이 본격적으로 정책 영역에 참여한 것은 2012년부터라고 볼 수 있다."

"청년 정담의 주제로 일자리, 주거, 마음건강을 각각 따로따로 다루었다. 당시 사회적으로 마음건강에 대한 관심도는 낮았다… 청년을 둘러싼 삶의 문제에 '서울은 주거비가 비싸다',

'서울은 교육비가 비싸다' 이런 식으로 직관적으로 접근하면서도 이들 문제를 일자리 문제 정도의 무게감으로 다뤄나가기 시작했다."

청년유니온(http://youthunion.kr)

2010년 3월에 창립한 국내 최초 세대별 노동조합이다. "일하고, 꿈꾸고, 저항하다"라는 슬로건 아래 청년들이 청년의 노동권 향상을 위해 자발적으로 창립했다.

당시 조합원 수는 60여 명이었으며 초대 위원장은 김영경이다. 만 15세부터 만 39세 이하의 비정규직, 정규직, 구직자, 일시적 실업자 등 청년 노동자가 구성원이며 2018년 말 기준으로 조합원 수는 1,400여 명이다. 서울, 경기, 인천, 대구, 부산, 경남, 광주, 대전, 청소년, 패션어시 유니온 등의 지부가 있다.

편의점 실태조사, 피자 배달 30분제 폐지, 카페 주휴수당 지급(2011년), 미용실 스태프 실태조사(2012년), 서울시와 사회적 교섭, 학원강사 근로조건 실태조사(2013년), 아르바이트 감정노동 실태조사, 청소년 호텔알바 실태조사, 산학협력 현장실습생 실태조사(2014년), 블랙기업 실태조사, 롯데호텔 교섭(2015년), 청년 구직자 실태조사(2016년), 최저임금 가계부조사, 드라마 제작환경 노동실태 제보센터 운영(2017년), 드라마 현장제보센터 운영, 영화제 노동실태 제보센터 운영(2018년) 등의 활동을 전개해왔다.

2012년 8월부터 2013년 1월까지, 서울시는 청년세대 노동조합인 청년유니온과 청년일자리 정책을 주제로 사회적 교섭을 진행하고, 2013년 1월 27일, 청년일자리 정책 협약을 체결한다. 이는 청년 당사자가 지방정부의 정책에 적극적으로 참여한 사례로서, 이후 서울시 청년정책 거버넌스 형성에 새로운 모델로 제시되기도 하였다.

청년명예부시장은 매년 청년정책 거버넌스 구성의 민간 분야 파트너인 청년정책네트워크 활동을 이끌고 지원하는 역할을 이어갔다. 2기 명예부시장(조금득)은 청년정책네트워크 1기 활동을, 3기 명예부시장(권지웅)은 청년정책네트워크 2기 운영위원장 역할을 하였다. 청년명예부시장 제도는 2017년부터 명예시장으로 승격하여 1기 시장(김희성), 2기 시장(이상엽)이 활동하였다.

청년정책담당관(2015년)과 청년청(2019년), 청년 전문 행정의 시작

청년정책담당관과 청년청

서울시의 청년정책 전담 부서는 2012년 서울시 경제진흥실 일자리정책과 내 청년일자리팀 설치를 시작으로 2015~2018년에는 서울시 혁신기획관 내 청년정책담당관으로 격상되었고, 2019년부터는 시장 직속 청년청으로 확대 개편되었다.

2012년 청년일자리팀 체제에서는 미래혁신직업 발굴, 뉴딜일자리 운영, 청년일자리허브 운영 등으로 청년일자리 중심의 업무를 수행하였다.

2015년 청년기본조례 제정 이후, 청년정책담당관(과 단위)을 신설한 이후에는 청년일자리 정책 외에도 청년 거버넌스 운영, 청년수당, 청년공간(무중력지대) 운영, 금융생활지원 등으로 분야가 확장되었다.

2019년부터는 시장 직속 청년청을 설치하여 청년 인재 발굴, 전국 교류사업 강화 등 청년정책 전 분야를 총괄하는 기능을 수행하였다.

2021년부터는 미래청년기획단 산하 청년정책반과 청년사업반으로 구분하여 행정 체계를 대대적으로 개편하였다.

2014년 서울시는 민간의 단순 참여 형식으로 추진했던 민관협력을 시민과 함께하는 파트너 관계로 발전시킬 계획으로 혁신기획관 산하에 민관협력담당관과 청년정책담당관을 신설했다. 청년정책담당관은 여러 실·국에서 단편적으로 추진해온 청년정책 업무를 종합하고, 체계적으로 추진하는 기능을 맡았다. 업무 범위도 일자리 정책뿐만 아니라 청년정책 거버넌스 운영, 청년활동지원사업(청년수당), 청년공간지원사업, 금융·생활지원, 청년혁신일자리사업 추진 등으로 확장되었다.

서울시 청년정책은 2019년 '청년자치정부' 출범으로 큰 전환점을 맞이한다. 청년자치정부는 청년에 의한 직접 민주주의를 강화하고, 미래 과제의 선제적인 해결을 위한 대응 주체로서 청년의 역할을 확대하고자 하는 목적으로 출범하였다. 청년자치정부는 시장 직속 행정 집행조직인 청년청과 상설 거버넌스인 서울청년시민회의로 구성되고, 청년이 직접 기획부터 집행까지 권한을 갖는 청년자율예산도 새롭게 편성하였다.

청년청은 기존 청년정책담당관의 조직을 그대로 이어받아 기획팀, 활동지원팀, 공간운영팀, 공간조성팀을 구성하였고, 또 새롭게 교류팀, 협력팀, 인재발굴팀을 설치하여 1청 7팀 27명의 규모로 시작하여, 2020년에는 50명으로 조직 규모가 두 배 정도 확대되었다. 청년시민회의 지원, 청년 인재 발굴 등 청년정책의 거버넌스 지원 기능 또한 이전보다 강화하였다.

청년기본조례(2015년), 전국 최초의 청년제도

서울시 청년기본조례

2015년 1월에 전국 최초로 제정된 청년기본조례이다. 2021년 6월 현재까지 전국 17개 광역시도와 198개 기초지자체에서 서울시 조례를 모델로 청년기본조례를 제정하였다.

기존 청년조례가 청년 고용이 중심이었다면, 청년기본조례는 청년의 능동적인 사회참여 기회를 보장하고, 자립 기반을 형성하여 청년의 권익 증진과 발전에 기여하는 것을 목적으로 한다.

주요 내용은 청년, 청년정책, 청년활동 등 용어 정리, 청년정책 기본계획 수립(5년), 시행계획 수립과 시행, 청년의 참여 확대·능력 개발·고용 확대·주거 안정·부채 경감·생활 안정·문화 활성화·권리보호, 청년허브 설치와 운영, 청년활동지원센터·지역별 청년센터 설치와 운영 등이다.

이 조례 제정으로 서울시의 다양한 청년사업과 활동이 정책으로 인정받게 되었다. 행정–청정넷–시의회의 공동 협업 결과물로서 서울시 청년정책 거버넌스의 큰 성과로 평가받는다. 또한 청년 당사자의 조례제정운동, 지방정부나 지방의회의 조례 제정 움직임은 2020년 「청년기본법」 제정의 동력으로 작동하였다.

서울에서는 2010년에 청년 당사자 단체들이 형성되기 시작했고, 2012년에 제도와의 연결이 형성되기 시작했으며, 2014년에 청년 기본조례와 기본계획이 수립되었고, 그러한 제도적 바탕 위에서 2015년부터 2019년까지 수많은 기관들이 설립되었다. 그 사이에 많은 청년 관련 조례들도 제정되었다.

〈표 4〉 서울시 청년정책 변화

시기 구분	법제도 변화	청년정책 변화	청년정책 추진, 전달 체계 관련 변화
서울시 청년정책 형성기 (2011. 10.~2014. 6.)	청년일자리 기본조례 제정	−미래혁신일자리 발굴, −청년고용 교육, 훈련 정책 추진	−청년일자리팀 신설 −청년허브 신설 −청정넷 활동 시작
서울시 청년정책 제도화기 (2014. 7.~2018. 6.)	서울시 청년기본조례 제정	−2020 서울형 청년보장 발표 −청년활동지원사업(청년수당) 실시	−청년정책담당관 신설 (1과 3팀) −청년의회(청정넷) −청년활동지원센터, 무중력지대, 교류센터 설치
서울시 청년정책 발전기 (2018. 7.~)	청년기본법 제정, 시행 청년 참여 활성화 지원 조례	−청년자치정부 출범 −청년자율예산제 도입	−청년청 신설(1과 7팀) −청년의회 → 청년시민회의로 확대 −서울청년센터 개관

*출처: 보건사회연구원. 2020. 「서울시 청년정책 추진체계 개선방안 연구」. 서울특별시. p. 30.

길게 보면 10여 년의 과정이지만 결과물로 보면 단 2년 만에 제도가 형성되었고, 모든 청년 관련 기관의 실제 운영 기간은 최대 4년 정도라고 보는 것이 적절하다. 우리 사회의 모든 것은 진행 속도가 매우 빠른데 그 속도감의 장단점이 있다. 좋게 보면 신속하고 비판적으로 보면 제도와 기관의 안착을 위해서는 시간이 좀 더 필요한 것이다.

그러한 장단점이 있음에도 불구하고 서울시의 청년 관련 조례 제정이 그렇게 신속하게 추진되었던 결정적인 이유는 거버넌스에 있다. 거버넌스를 단순하게 표현하면 협력이다. 즉 민민·민관 협력이 있었기 때문에 그나마 제도라도 만들 수 있었던 것이다.

이 시기에 시의회는 선거라는 정치 일정을 거치면서 2014년 무렵이 되어서야 본격적으로 청년조례 제정에 관심을 가지게 되었고 이러한 시의회의 협력이 조례 제정을 위한 협업 과정에 큰 원동력으로 작동하게 되었다.

많은 청년들이 조례 제정을 위해서는 시의회 및 여타 제도적 행위자와의 협업이 필요하다고 말하였다. 즉 제도화 과정에서 거버넌스의 필요성을 그대로 체험한 것이다.

"2010년부터 청년들의 요구가 다양해지고 당사자 단체들이 생기기 시작했다. 2012~2013년에는 개별 정책보다 큰 정책의 충돌이 컸기 때문에 (의회 차원에서) 청년정책에 집중하기 어렵던 시기였다. 2014년 시장 선거가 끝나고 나서야 의회는 비로

소 청년정책에 관심을 가질 수 있었다. 그런 분위기가 조례 제
정에 영향을 미쳤을 것이다."

"1990년대에 만들어진 시민사회와 2010년대에 만들어진 시
민사회는 정부 신뢰감이 좀 다르다. 과거에는 정부의 폭력성이
나 강압성이 현재보다 훨씬 강해서 '협력'이란 말 자체를 떠올
리기 불가능했던 것 같다.

그러나 지금은 어느 정도 정부의 (상대적) 정상성을 전제로
협력이 가능한 상태이기 때문에 거버넌스 전략을 구상해볼 수
있었다. 무조건 점거하라고 말하기도 했던 선배들의 운동 방
식과는 완전히 다른 측면이기도 했다. 점거를 이해할 수는 있
었지만 나의 운동 방식으로 체화하는 데에는 다소 거부감이 있
었다."

다 된다더니, 근거가 없어서 못한다고?

그러나 청년 당사자들이 당장 조례를 만들 수는 없는 법이었
다. 실제로는 조례 제정의 권한이 있는 시의회가 나서야만 했다. 청
정넷 운영위원을 맡고 있던 몇 명이 서울시의회의 문을 두드리고, 관
심 있던 젊은 시의원 몇 명과 의기투합하면서 전국 최초의 청년기본
조례를 만들었다. 조례의 시작은 청년 당사자였고, 조례 제정의 마
무리는 시의회였다.

"청년조례가 활성화되는 데에는 청년 당사자 그룹과 시의회와의 파트너십이 효과적으로 작동한 영향도 있다…. 즉 청년 정책이 활성화되기 위해서는 지자체나 지방의회와의 파트너십을 강화할 필요가 있다."

"서울시 청년정책의 특징은 단체, 실무와 청년을 연결해주는 중간실무자, 그리고 수많은 에너지를 가진 청년이 함께했다는 것이다."

"조례가 갑자기 만들어진 것이 아니라 그전에 약간 민원성의 건의, 의견 등이 많았는데 특이점을 통해 조례로 만들어진 것 같다. 청년허브의 기획력도 일정 정도 작동했다. 그리고 유능한 시의원들이 적극적으로 조례에 대해 검토한 부분도 영향력으로 작동했다."

상위법 없이 지자체에서 조례를 만드는 것, 그것도 '기본조례'를 만드는 것은 매우 예외적인 일이다. 그러나 상황이 절박하였기 때문에 법 제정만을 하염없이 기다릴 수도 없는 상황이었다. 결국 일단 해보자는 시도는 조례 제정으로 이어졌고, 나아가 2020년의 「청년기본법」 제정에도 영향을 미치는 결과가 나왔다.

청정넷을 통해 청년들의 아이디어를 정책으로 만들기 시작하면서 서울시 행정과 숱하게 부딪혔다. 주거는 주거정책과와 일자리는 일자리정책과의 공무원들과 정책 반영에 대한 이야기를 나눴는데, 막상 예산을 편성해야 하는 시기가 오면 "법적 근거가 없어서 못해요"라는 답변을 듣기 일쑤였다. 법이 없어서 못한다면 법을 만들면 되는데, 그건 너무 요원한 일이라 할 수 있는 수준에서 조례를 제정하기로 했다. 어떻게든 청년들의 요구를 시정에 반영하고자 하는 마음에서 길을 찾은 것이다.

"2013년 청정넷 활동을 통해 청년의 요구와 그런 요구를 하는 단체들의 연대가 이루어져 정책의 틀이 형성되었고, 조례가 만들어졌다. 법리적 사고를 중심으로 보면 상위법이 없는데 조례가 만들어진 (어떻게 보면 상당히 모순적인) 상황이 되었다.

그러나 청년 당사자들이 있었고 '상위법이 없다고 조례도 못 만드나. 한번 해보자' 하는 분위기가 있었기 때문에 그런 단순한 접근법으로 지금의 기틀이라도 만들 수 있는 측면이 있었다. 모르기 때문에 직관적으로 접근해서 해내는 부분도 있는 거다."

"처음엔 협동조합형 기숙사를 오랜 시간 동안 서울시와 논의했었는데 기존에 있는 대학생, 근로자 중심이 아니면 법적 근거가 없어서 시행하기 어렵다는 난관에 봉착했다. 그 과정에서 일자리로 성과가 나오지 않으면 부서마다의 업무 특성 때문에 추진하기 어렵다는 것도 경험했다.

2014년에 「청년발전기본법」이 발의되어 있는 상태였지만 법이 통과되지 않을 경우, 조례라도 만들어서 제도의 사각지대에 있는 청년을 보호하자라는 구상을 했다. 청년발전을 포괄한다는 식의 문구만 제도에 있어도 좋겠다는 절실함이 있었다. 마침 조례안을 들고 찾아갔을 때 시의원들이 매우 협조적으로 나온 것도 조례 통과에 큰 기여를 했다."

"기본조례가 있어야 기본계획을 세울 수 있다. 기본계획 수립을 위해서 청년허브와 사전 연구를 하면서 많은 준비를 했다."

"어르신들을 위한 조례, 정책, 법 그리고 아동, 청소년 세대별로도 조례, 정책, 법이 다 있다. 50대를 위한 조례, 정책, 법도 있는데 청년만 없다. 그전에 「청년발전기본법」 논의가 있기는 했다. 그런 개인적 의문과 관심이 있는 상태였는데, 청년들이 청년기본조례를 갖고 와서 함께 작업하게 되었다."

들불처럼 전국으로

이와 같은 상황이 서울시에서 진행된 협력이라고 한다면, 서울시의 조례 제정이 지역의 조례 제정으로 확산된 것은 서울시의 청년 당사자들도 전혀 예측하지 못한 부분이었다. '우리가 만들었으니 뒤를 따르시오'라는 식의 생각이 전혀 없었던 것은 물론이거니와 당연히 없었을 것이다.

서울에서 청년기본조례가 제정된 후, 서울의 움직임을 지켜보고 있던 지역에서 조례제정운동이 일었다. 2014년 지방선거에서 청년정책에 대한 관심이 본격적으로 시작되어, 2018년 지방선거에서는 청년정책 관련 공약이 전면에 등장하게 된 맥락과도 관련이 있다.

또한 전국의 청년활동가들이 서울에서 조례 제정과 청년참여기구 설립을 위해 적극적으로 거버넌스 활동을 전개한 것을 지켜보면서 지역에서의 청년활동에 대한 가능성을 기대하게 된 것이다. 그런데 이러한 서울시 청년조례의 영향을 받은 다른 지자체는 서울시 정도의 협력 수준이나 협력 통로를 갖추지 못한 상태였다는 점이 문제로 나타났다.

"서울시 청년기본조례 제정 후의 상황 변화는 사실 예측하지 못한 부분이 있었다. 그렇게 빨리 모델이 확산될 것이라고 예상하지 못한 것이다. (서울에서는 조례 제정 이후에) 기본계획 수립에만 전념하던 시기에 어마어마한 일들이 진행된 것 같다. 광역 단위와 기초 단위에서 빠른 속도로 청년조례가 제정되기 시작했다.

만약 이 시기에 기본계획 수립 때문에 바쁘지 않았다면 사실 지역을 많이 돌아다니면서 그동안 우리가 경험한 시행착오를 알리거나 교육하거나 소통하는 과정을 통해 지역의 청년 주체들에게 조금 더 도움되지 않았을까 하는 아쉬움이 있다.

　지역의 청년 주체들은 불가피하게 시행착오를 겪거나 굳이 겪지 않아도 될 어떤 일들을 겪으면서 행정을 불신하게 된다거나 민간 주체 사이에서 민민 갈등을 겪기 때문이다. 그런 점에 도움되지 못한 것이 좀 아쉽긴 한데 객관적으로 보면 어쨌든 불가피한 상황이기도 했다.

　청년의 삶이 급속도로 나빠지는 상황에서 어쨌든 서울시가 청년 주체들과 제도를 만들고 이것이 지역에 전파되면서 결국에는 지역에서도 에너지가 모여 기본법으로 가는 통로가 형성되었다고 본다. 기회를 열었다는 점에서는 서울의 노력이 긍정적인 효과를 미친 것인지도 모른다. 다만 앞으로 10년 뒤에 어떻게 될지는 잘 모르겠다."

　서울 외 지역에서 서울시와 같은 협력 모델이 충분히 자생적으로 이루어지지는 못했지만 또 다른 의미에서 전청넷과 같은 전국적인 청년 네트워크가 만들어진 것은 매우 흥미로운 지점이다.

　서울의 거버넌스 모델은 조례라는 표준적인 틀로 지역에 확산되기 좋았다. 청년들의 필요로 혹은 지자체 단체장이나 공무원의 의지로, 어떤 지역은 청년 기초의원의 주도로 조례가 확산되었다.

　조례와 더불어 청년정책과 구체적인 사업도 전국으로 퍼져나갔다. 전국 청년정책 활동가들의 네트워크인 전국청년정책네트워크가 만들어지게 되었고, 지자체마다 청년정책의 수립을 둘러싸고 경쟁하는 양상도 나타났다.

"2015년 조례 제정을 통해 전국청년정책네트워크(전청넷)이
만들어지는 계기가 되었다…. 처음에는 그냥 전국 청년과 만
나는 데 그치는 것이 아니라 네트워크 단체 같은 것을 만들자
고 논의했고 그 논의에만 3년이 소요되었다. 초기 멤버들이 엄
청 고생했다."

전국청년정책네트워크(https://youthpolicy.kr)

전청넷은 2015년 말 부천, 과천, 시흥, 서울 활동가 모임에서 시작
한 단체이다. 삶의 이행 단계에 있는 청년이 겪는 각종 사회문제를 지
역 청년들의 협력과 제도 개선을 통해 해결하며 더 나은 미래를 만들
어 나가는 자발적인 시민네트워크라는 특성을 갖고 있으며 청년정책
수립, 활동가들의 지역 교류, 상호 교육·연구 활동을 주로 수행한다.
민간 단위의 청년조직으로는 가장 광범위한 연결망을 갖고 활발한
활동을 전개하고 있다.

"지금은 매우 일반적이고 익숙하게 생각하지만 결국 서울시
의 청년지원정책이 등장하면서 지자체가 청년이나 청년단체를
지원하는 사업을 자연스러운 것으로 인식한 면이 있다. 분야

별 지원은 많이 있었지만 청년이라는 대상 자체에 대한 지원은 없었기 때문이다.

청정넷, 기본수당, 희망두배 청년통장[*], 공간, 뉴딜일자리, 마음건강지원, 사회주택공급모델, 신혼부부임차보증금 등의 지원은 서울에서 시작하여 전국으로 확산된 모델이다.

한편 신기한 것은 6개월 먼저 시작한 제주의 갭 이어(gap year)처럼 서울보다 먼저 시작한 것이 서울을 통해서 전국으로 확산되는 경우다. 월세 지원도 사실 부산에서 1년 먼저 시작했고 마음건강도 전주가 먼저 시작했다. 서울의 정보공개 양이 워낙 많기도 하고 한편으로는 서울에서 실시했기 때문에 검증되었다고 생각하는 경향도 있는 것 같다."

견고하기만 했던 행정과 의회의 변화

조례 제정의 효과는 청년들의 예상보다 훨씬 컸다. 청년정책에 관심이 없던 지자체에 청년정책 담당 행정부서가 만들어지고, 지방의회에서도 청년 일자리, 주거, 공간 등 청년 관련 다른 조례 제정이나 행정부 견제가 이루어졌다.

---

*희망두배 청년통장(https://account.welfare.seoul.kr/youth/index.action)은 참가자가 2~3년간 매월 근로소득으로 저축하는 금액과 동일한 금액을 서울시 예산 및 시민의 후원금 등으로 적립해주는 제도이다. 근로장려금은 주거, 결혼, 교육, 창업 목적의 저축액에 지원되며, 저축 기간은 적립 개시일로부터 2년 또는 3년으로서 서울시에서 시작하여 경기도에서도 시행 중이다.

서울시의회는 청년정책발전특별위원회를 구성하고, 여러 부서에 흩어져 있는 청년정책을 종합하는 기능을 하기도 했다. 청년 당사자의 요구로 청년기본조례가 제정되었지만, 행정과 의회에도 구조적 변화를 만들어냈고, 이러한 역동성은 아래로부터 청년기본법을 제정하는 에너지를 만들기도 했다. 이렇게 되면 책임지는 부서가 있고, 실행력 있는 제도적 집행주체가 생기기 때문에 청년정책의 기반이 더 단단해지는 것이라고 평가할 수 있다.

"조례 제정 후에 전담 조직으로서 청년정책과가 만들어졌다. 그전에 조례 제정 과정에서 청년 당사자들의 이야기를 공무원들이 듣게 되었다. 다소 파격적이었다. 시 조직의 위쪽에 있는 공무원들이 당사자들의 이야기를 듣는 것은 매우 특별한 상황이었다….

훌륭한 의원들이 있어도 청년 당사자의 삶을 직접 보거나 청년이 많은 지역구의 의원이 아니라면 이해하지 못할 것 같은 분위기였다. 그 과정에서 청년들이 갖고 온 조례를 많이 손봤다. 처음에 만드는 과정이 그렇게 어려운 것이다."

"제도가 만들어지게 되면 실제로 필요한 것은 집행주체이다. 그러나 청년정책과 혼자 모든 사업을 총괄하기는 어렵다. 과장이 관련된 다른 부서를 찾아가서 흩어져 있는 청년정책을 모으기는 어려운 구조이다. 의회 상임위도 혼자 하기 어렵다. 그래서 2~3개의 상임위에 퍼져 있는 것을 합쳐서 청년특위를 만들었다."

"2014~2018년은 조례를 만들어서 제도화가 진행되고 변곡점이 형성되며 확장되는 시기였다. 그런 관점으로 보면 2020년 이후는 안착하는 시기로 평가할 수 있다."

"서울시의 청년당사자운동은 전국을 대상으로 시행되는 「청년기본법」 제정에 크게 기여하였다."

그러나 공식적인 부서나 조례가 만들어진 것만으로 모든 것이 완성되거나 모두가 만족할 수는 없다. 지속적인 협력과 신뢰를 구축할 수 있어야 하고, 단기간의 진행 과정에서 드러난 문제들에 대한 효율적인 해결 방안도 고민해야 하고, 모두가 공감할 수 있는 더 좋은 사업도 도모해야 하는 것이다. 그야말로 앞으로 갈 길이 멀다라는 것을 조례 제정 과정에서 또 한번 실감하게 되는 것이다.

"청년 이슈가 많아지고 인적 자원도 많이 생기고 전국적 네트워크도 생겼지만 한편으로는 이슈를 가지고 힘 있게 활동하는 부문은 부족해진 것 같다. 기초 단위에서 청년과도 생겼지만 여전히 고유한 사무와 사업을 많이 만들어내지 못하고 있고, 광역 단위에서는 몇 가지 사례만 확장하는 정도나 서울시

정책을 벤치마킹하는 수준에 머물러 있다. 즉 양적 확대는 이루어졌지만 질적 업그레이드가 필요한 상태이다."

"청년이 정책 어젠다가 되었고, 청년을 중심으로 주거·문화 등 정책을 보는 시각이 형성된 것이 그동안 시정의 가장 큰 성과이다."

청년의 참여를 어떻게 보장할 것인가

서울에서 청년기본조례를 제정한 지 6년이 지났다. 상위법(청년기본법)도 제정되었으니 이제 청년정책은 중앙정부부터 지자체에 이르기까지 정책의 법적 근거를 공고히 했다. 특히 조례에만 명시되어 있던 청년참여기구 활동이 청년정책조정위원회라는 기구로 격상되어 각 지자체마다 구성되었다. 그러나 지자체 단위에서는 법적 기구의 한계 또한 존재한다.

청정넷의 활동은 법적 기구의 위원이 되는 것이 목적이 아니라 청년의 삶을 그대로 정책에 반영하자는 것이다. 그래서 그동안 사업으로만 운영해왔던 청년참여기구인 청정넷 활동 자체를 보장하기 위한 조례를 별도로 제정하였다.

"중앙정부의 청년위원회 활동을 통해서는 시민들의 힘을 모으기 어렵다는 판단을 했다."

"2020년에 통과되긴 했지만 참여활성화조례를 처음 이야기한 것은 2019년이었다. 초기에는 자율예산제 근거를 확보하고자 하는 것이었다. 자율예산제가 그냥 운영되는 것에 그치거나 그냥 시민참여예산제에 포함되는 것이 아니라 독자적인 논의 구조를 갖기 위해서는 독자적인 조례가 필요하다고 생각한 것이다."

서울,
당사자 중심의
정책 지속을 위한 과제

　서울시에서 지난 10년간 진행한 중간지원조직, 참여기구, 행정과 조례의 형성 과정은 다음과 같은 특징으로 정리할 수 있다.

　첫째, 일자리 영역에서 청년의 삶 전체 영역으로 중심 가치가 확장되었다. 아직도 중앙정부와 대부분의 지자체들은 청년문제를 고용과 일자리 문제의 측면에서만 주목하고 있다. 물론 먹고사니즘이 중요하니 이 문제도 중요한데, 중요한 이 문제조차 잘 해결되지 않는 현실이 답답하다.

　그러나 다른 한편으로는 고용과 일자리 확대에만 매몰하면서 삶의 질이나 정책의 당위성에 대한 설명과 같은 핵심을 놓치고 있다는 점이 더 답답하게 느껴진다. 청년들은 삶을 이야기하는데 정부는 일자리와 고용만 반복하는 답답한 상황이다.

"어느 청년이 '행정은 칸막이로 나눠져 있지만 청년의 삶은 나눠져 있지 않다'라고 말했다."

따라서 좀 더 다양한 정책과 사업이 필요하다. 고용과 일자리에 더하여 이제까지 나온 이슈는 주거, 수당, 참여 등 청년이 정책의 대상이 되는 범주와 차별 금지, 기후 위기 대응 등 사회 전환을 위한 새로운 이슈를 청년이 주도하는 범주가 있다. 이를 분야별로 더 전문화하는 것도 남아 있는 과제이다.

그다음으로는 전달의 방식이다. 과거와 같은 행정 전달 방식으로는 한계가 있다. 즉 뭘 하더라도 왜 해야 하는지를 친절하게 알아들을 수 있는 말로 설명해주고, 밥 먹고 사는 부분뿐만 아니라 문화 향유, 공동체 생활, 교육, 안전에 이르기까지 삶 전체를 아우르는 따뜻한 정책을 바라는 것은 여전히 환상에 불과한 것인가.

둘째, 청년정책이 다루는 범위가 삶의 전체 영역으로 확장되면서 각 영역의 조례 제정을 위해 단체나 기관의 협력 즉, 실질적인 거버넌스가 중요해졌다. 물론 여기에서 말하는 거버넌스는 대등한 자격을 가진 주체 간의 협력뿐만 아니라, 권리와 의무를 동시에 담보하며 책임을 분담하는 의미의 거버넌스를 말한다. 당연히 그 과정은 순조롭게 진행되지 않았으며, 어쩌면 지금도 많은 장애물에 직면하고 있다.

그럼에도 그 과정이 순조롭지 않고 많은 장애물에 직면하고 있기 때문에 협업과 연결은 더욱 중요하다. 서울 내 청년 관련 조직은 확실히 다른 지역보다는 많긴 한데 각 조직 간 원활한 연결이 이루어지고 있지 않다. 서울시와 서울시 25개 자치구 안의 유사한 조직들이 잘 연결되고 있는가도 의문이다. 청년이 효용성을 느낄 새도 없이 기관만 많아지는 것은 아닌가 하는 우려도 있다.

모순적이게도 여전히 청년을 지원하기 위한 기관은 부족하다. 기관이 너무 많아지면 쉽게 통폐합이나 기관 없애기 작업을 하기도 한다. 그러나 이 책에 나온 기관과 활동이 있었기 때문에 그나마 청년이 모였고, 모여서 자신들의 요구를 말할 수 있었고, 요구를 모아서 행정과 의회에 제안이라도 할 수 있었으며, 전달되는 통로라도 마련되었다는 사실을 기억할 필요가 있다. 이런 활동이라도 있었으니 현장의 목소리가 전달이라도 된 것이다.

어디에 뭐가 있는지 잘 모르겠고, 각 기관마다 뭘 하는지 모르겠으니 없애버리자고 하기 이전에, 다만 하나의 요구라도 현실에 기반한 현장의 요구라면 들어보려는 자세를 가질 필요가 있다는 것이다.

셋째, 당사자로서 청년의 발언권이 힘을 갖기 위한 갈등이 진행되었다. 이를 해소하기 위해서는 청년세대와 다른 세대 간의 이해와 대화가 중요하다. 아니 이해와 대화라는 당위적 의무보다는 서로의 차이에 대한 인정이 매우 중요하다.

"일단 당사자의 요구를 더 수렴해야 하고 이미 활동하고 있는 활동가에 대한 재평가도 지속적으로 이루어져야 한다. 근

본적으로 체질을 바꿀 수 있는 청년정책에 대해 고민할 필요가
있다.

　같은 일을 해도 어느 규모의 회사에 들어가냐에 따라 임금
격차가 2~3배 차이 나는 구조, 꿈을 빼앗겼다고 생각하는 인
식 구조, 유일한 희망의 끈은 오로지 시험 통과에 있고 그것이
공정이라고 생각하는 믿음에 대해 더 깊은 고민을 함께할 필요
가 있다.”

　마지막으로 가장 중요한 문제에 대한 논의가 남아 있다. 사회
의 모든 계층이 어려운 상황에서 “왜 청년인가” 하는 문제이다. 그리
고 청년이 취약계층이라면 어린이·노인에 대한 복지정책과 무엇이
달라야 하는가라는 부분이다.

　청년은 일반적인 취약계층과는 성격이 다르다. 가장 활동적으
로 사회에 진입해야 하는데 진입 자체가 막혀 있는 계층이며 그렇기
때문에 청년이 사회에 원활하게 진입하지 못하면 우리 사회의 미래
도 기대하기 어렵다.

　청년만 보호해야 한다는 말이 아니라 청년을 지원하는 것이 중
요하다는 말이다. 입구부터 막아버리고 절대적 취약계층으로 만들
어버리면, 그때부터 논의는 진전되기 어려워지고 영원한 난제로 남
게 된다. 말하자면 우리 사회의 현실에서 청년은 상대적 취약계층이
고 이들의 사회적 진입이라는 어려운 난제를 푸는 것이 무엇보다 시
급하다는 것이다.

2021년 새로운 시정에 따른 조직 개편에 따라 이 책에 나온 일부 기관은 과거의 것으로 사라졌다. 그러나 그 조직을 만들고 활동했던 기록 역시 현재와 미래에 영향을 미칠 것이다. 당연히 10년 동안 청년정책이 진행되는 과정을 이 책 한 권에 모두 담는 것은 무리다.

　　우리는 사실을 잘 정리하고자 노력했으나 그 목적이 충실하게 달성되었는지는 잘 모르겠다. 혹여 내용에서 편향이 있거나 오해를 불러일으킬 만한 표현이 있었다면 이는 전적으로 필자들의 책임이다. 그리고 이 책에서 현장 활동가들이 제시한 문제를 함께 검토한다면 더 나은 청년활동에 한 걸음 더 가까이 갈 수 있을지도 모른다는 희망을 품어본다.

도움주신 분들

권지웅, 김영경, 서윤기, 이정훈, 정준영, 정현미, 최지희, 홍두나

서울에서 청년하다

ⓒ류석진·조희정·기현주

초판 1쇄 인쇄	2021년 8월 13일
초판 1쇄 발행	2021년 8월 20일

지은이	류석진·조희정·기현주
펴낸이	서복경
기획	엄관용
편집	이현호
디자인	와이겔리

펴낸곳	더가능연구소
등록	제2021-000022호
주소	04003 서울특별시 마포구 잔다리로 111(서교동), 401호
전화	(02) 336-4050
팩스	(02) 336-4055
이메일	plan@theposslab.kr

ISBN   979-11-975290-5-4   04300